SITEJIAOYUXILIECONGSHU

冰雪运动竞赛

《"四特"教育系列丛书》编委会　编著

吉林出版集团股份有限公司
全国百佳图书出版单位

图书在版编目（CIP）数据

冰雪运动竞赛／《"四特"教育系列丛书》编委会编著 .
—长春：吉林出版集团股份有限公司，2012.4
（"四特"教育系列丛书／庄文中等主编 . 学校体育竞
赛与智力游戏活动策划）
ISBN 978-7-5463-8614-0

Ⅰ.①冰… Ⅱ.①四… Ⅲ.①冰上运动－运动竞赛－青年
读物②冰上运动－运动竞赛－少年读物③雪上运动－运动竞
赛－青年读物④雪上运动－运动竞赛－少年读物
Ⅳ.① G860.73-49

中国版本图书馆 CIP 数据核字（2012）第 041997 号

冰雪运动竞赛
BING XUE YUNDONG JINGSAI

出 版 人	吴 强	
责任编辑	朱子玉 杨 帆	
开 本	690mm×960mm 1/16	
字 数	250 千字	
印 张	13	
版 次	2012 年 4 月第 1 版	
印 次	2023 年 2 月第 3 次印刷	

出 版	吉林出版集团股份有限公司	
发 行	吉林音像出版社有限责任公司	
地 址	长春市南关区福祉大路 5788 号	
电 话	0431-81629667	
印 刷	三河市燕春印务有限公司	

ISBN 978-7-5463-8614-0   定价：39.80 元

前　言

学校教育是个人一生中所受教育的最重要组成部分,个人在学校里接受计划性的指导,系统地学习文化知识、社会规范、道德准则和价值观念。学校教育从某种意义上讲,决定着个人社会化的水平和性质,是个体社会化的重要基地。知识经济时代要求社会尊师重教,学校教育越来越受重视,在社会中起到举足轻重的作用。

"四特教育系列丛书"以"特定对象、特别对待、特殊方法、特例分析"为宗旨,立足学校教育与管理,理论结合实践,集多位教育界专家、学者以及一线校长、老师们的教育成果与经验于一体,围绕困扰学校、领导、教师、学生的教育难题,集思广益,多方借鉴,力求全面彻底解决。

本辑为"四特教育系列丛书"之《学校体育竞赛与智力游戏活动策划》。

学校体育运动会是学校教育教学工作的一个重要组成部分,是体育活动中的一个重要内容。它不仅可以增强学生的体质,同时,也可以增强自身的意志和毅力,并在思想品质的教育上,发挥不可替代的作用。学校通过举办体育运动会,对推动学校体育的开展,检查学校的体育教学工作,提高体育教学、体育锻炼与课余体育训练质量和进行学校精神文明建设等都具有重要的意义。本书旨在普及体育运动的知识,充分调动广大青少年学生参与体育活动的积极性,内容包括学校体育运动会各个单项的竞赛与裁判知识等内容,具有很强的系统性、实用性、实践性和指导性。

将智力和游戏结合起来,通过游戏活动达到大脑锻炼的目的,是恢复疲劳、增强脑力、重塑脑功能结构的主要方式,是智力培养的重要措施。

青少年的大脑正处于发育阶段,具有很大的塑造性,通过智力游戏活动,能够培养和开发大脑的智能。特别是广大青少年都具有巨大的学习压力,智力游戏活动则能够使他们在轻松愉快的情况下,既完成繁重的学业任务,又能提高智商和情商水平,可以说是真正的素质教育。为了使广大青少年在玩中学习,在乐中提高,我们根据青少年的生理、心理特点,特别编写这套书。我们采用做游戏、讲故事等方法,让广大青少年思考问题,解决难题,并在玩乐的过程中,循序渐进地提高智商和开发智力,达到学习与娱乐双丰收的效果。

本辑共20分册,具体内容如下:

1.《团体球类运动竞赛》

学校体育运动的目的是调动学生活动的兴趣,提高学生参加体育运动和各种活动的积极性和参与率,让学生在运动中才能体会到参与的快乐。本书就学校团体球类运动的竞赛与裁判问题进行了系统而深入的阐述,使学生掌握组织团体球类竞赛的方法体例科学,内容全面,具有很强的系统性、实用性、实践性和指导性。

2.《小型球类运动竞赛》

小型球类运动竞赛包括排球、羽毛球和乒乓球等比赛。学校体育运动的目的是调动学生活动的兴趣,提高学生参加体育运动和各种活动的积极性和参与率,让学生在运动中才能体会到参与的快乐。小型球类运动竞赛包括排球、羽毛球和乒乓球等比赛。本书就学校个人球类运动的竞赛与裁判问题进行了系统而深入的阐述,体例科学,内容全面,具有很强的系统性、实用性、实践性和指导性。

3.《跑走跨类田径竞赛》

学校体育运动的目的是调动学生活动的兴趣,提高学生参加体育运动和各种活动的积极性和参与率,让学生在运动中才能体会到参与的快乐。跑走跨类田径竞赛包括长短跑、跨栏跑和竞走等项目比赛。本书就学校跑走跨类田径运动的竞赛与裁判问题进行了系统而深入的阐述,体例科学,内容全面,具有很强的系统性、实用性、实践性和指导性。

4.《跳跃投掷类田径竞赛》

长期来,在技术较为复杂的非周期性田径项目的教学中,一般都采用以分解为主的教学法。这种教学法,教学手段繁琐,教学过程复杂,容易产生技术的割裂和停顿现象,特别是与现代跳跃和投掷技术的快速和连贯性有着明显的矛盾。因此,它对当前进一步提高教学质量产生十分不利的影响。本书就学校跳跃投掷类田径运动的竞赛与裁判问题进行了系统而深入的阐述,体例科学,内容全面,具有很强的系统性、实用性、实践性和指导性。

5.《体操运动竞赛》

竞技性体操包括竞技体操、艺术体操、健美操、技巧、蹦床五项运动。其中,竞技体操男子项目有自由体操、鞍马、吊环、跳马、双杠、单杠六项,女子项目有跳马、高低杠、平衡木、自由体操四项。本书就学校竞技体操运动的竞赛与裁判问题进行了系统而深入的阐述,体例科学,内容全面,具有很强的系统性、实用性、实践性和指导性。

6.《趣味球类竞赛》

学校体育运动的目的是调动学生活动的兴趣,提高学生参加体育运动和各种活动的积极性和参与率,让学生在运动中才能体会到参与的快乐。本书就学校趣味球类竞赛项目运动的竞赛与裁判问题进行了系统而深入的阐述,体例科学,内容全面,具有很强的系统性、实用性、实践性和指导性。

7.《水上运动竞赛》

水上运动包含五个项目:游泳,帆船,赛艇,皮划艇,水球。本书就学校水上运动的竞赛与裁判问题进行了系统而深入的阐述,体例科学,内容全面,具有很强的系统性、实用性、实践性和指导性。

8.《室内外运动竞赛》

室内运动栏目包括瑜伽、拉丁、肚皮舞、普拉提、健美操、踏板操、舍宾、跆拳道等,户外运动栏目包括攀岩登山,动感单车,潜水游泳,球类运动等。本书就学校室内外运动的竞赛与裁判问题进行了系统而深入的阐述,体例科学,内容全面,具有很强的系统性、实用性、实践性和指导性。

9.《冰雪运动竞赛》

冰雪运动主要包括冬季运动和轮滑运动训练、竞赛、医疗、科研、教学、健身、运动器材、冰雪旅游等。本书就学校冰雪运动的竞赛与裁判问题进行了系统而深入的阐述,体例科学,内容全面,具有很强的系统性、实用性、实践性和指导性。

10.《趣味运动竞赛》

趣味运动,是民间游戏的全新演绎,是集思广益的智慧创造,它的样式不同,内容各异。趣味运动会将"趣味"融于"团队"中,注重个人的奉献与集体的协作。随着中国经济文化的迅速发展,人们精神文化生活的丰富,趣味体育也有了更广阔的发展,成为一种新的时尚。本书就学校趣味运动的竞赛与裁判问题进行了系统而深入的阐述,体例科学,内容全面,具有很强的系统性、实用性、实践性和指导性。

11.《锻炼学生观察力的智力游戏策划》

发展观察力的游戏有"目测"、"寻找"、"发现"等。这些游戏可帮助学生加强观察的目的性、计划性,扩大观察范围,使孩子能更多、更清楚地感知事物。本书对锻炼学生观察力的智力游戏项目策划进行了系统而深入的阐述,体例科学,内容全面,具有很强的系统性、实用性、实践性和指导性。

12.《锻炼学生注意力的智力游戏策划》

注意力是儿童普遍存在的问题。他们在听课、做作业、看书、活动等事情上,往往不能集中注意力,也没有耐性。在人们的生活、学习和工作过程中,注意力起着非常重要的作用。有位教育专家说:注意力是学习的窗口,没有它,知识的阳光就照射不进来。本书对锻炼学生注意力的智力游戏项目策划进行了系统而深入的阐述,体例科学,内容全面,具有很强的系统性、实用性、实践性和指导性。

13.《锻炼学生记忆力的智力游戏策划》

记忆力游戏是一种主要依赖于个人记忆力来完成的单人或团体游戏。这类游戏的形式无论是现实或网络中都是非常多的,能否胜出本质上取决于个人的记忆力强弱,这也是一种心理学游戏。本书对锻炼学生记忆力的智力游戏项目策划进行了系统而深入的阐述,体例科学,内容全面,具有很强的系统性、实用性、实践性和指导性。

14.《锻炼学生思维力的智力游戏策划》

这是一本不可思议的挑战人类思维的奇书,全世界聪明人都在做。在这本书里,你会找到极其复杂的,也是非常简单的推理问题,让人迷惑不解的图形难题,需要横向思维的难题和由词语、数字组成的纵横字谜,以及大量的包含图片、词语或数字,或者三者兼有的难题,令你绞尽脑汁,晕头转向!现在,你需要的是一支铅笔和一个安静的角落,请尽情享受解题的乐趣吧!

15.《锻炼学生想象力的智力游戏策划》

学校的智力游戏活动主要是锻炼学生认识、理解客观事物并运用知识、经验等解决问题的能力,它是直接为学生提高学习能力而服务的,也是学生学习知识的实践运用,它不仅具有趣味性,更具有娱乐性。本书对锻炼学生想象力的智力游戏项目策划进行了系统而深入的阐述,体例科学,内容全面,具有很强的系统性、实用性、实践性和指导性。

16.《锻炼学生表达力的智力游戏策划》

语言表达能力是现代人才必备的基本素质之一。在现代社会,由于经济的迅猛发展,人们之间的交往日益频繁,语言表达能力的重要性也日益增强,好口才越来越被认为是现代人所应具有的必备能力。本书从大量的益智游戏中精选了一些能提高青少年记忆力的思维游戏,为广大读者提供一个检视自身思维结构、全面解码知识、融通知识、锻炼思维的自我训练平台。

17.《锻炼学生学习力的智力游戏策划》

学校的智力游戏活动主要是锻炼学生认识、理解客观事物并运用知识、经验等解决问题的能力,它是直接为学生提高学习能力而服务的,也是学生学习知识的实践运用,它不仅具有趣味性,更具有娱乐性。本书对锻炼学生学习力的智力游戏项目策划进行了系统而深入的阐述,在游戏中培养孩子的学习能力。体例科学,内容全面,具有很强的系统性、实用性、实践性和指导性。

18.《锻炼学生空间力的智力游戏策划》

学校的智力游戏活动主要是锻炼学生认识、理解客观事物并运用知识、经验等解决问题的能力,它是直接为学生提高学习能力而服务的,也是学生学习知识的实践运用,它不仅具有趣味性,更具有娱乐性。本书对锻炼学生空间力的智力游戏项目策划进行了系统而深入的阐述,体例科学,内容全面,具有很强的系统性、实用性、实践性和指导性。

19.《锻炼学生实践力的智力游戏策划》

社会实践即通常意义上的假期实习,对于在校大学生具有加深对本专业的了解、确认适合的职业、为向职场过渡做准备、增强就业竞争优势等多方面意义。也有些学生希望趁暑假打份零工,积攒一份私房钱。本书对社会锻炼学生实践力的智力游戏项目策划进行了系统而深入的阐述,体例科学,内容全面,具有很强的系统性、实用性、实践性和指导性。

20.《锻炼学生创造力的智力游戏策划》

本书对创造能力的培养进行研究,包括创造力的认识误区、创造力生成的基本理论、创造力的提升、管理者应具备的技能等,同时针对学生设计的游戏形式来进行创造力的训练。其实,想要激发孩子的创造力,你不必在家里放上昂贵的玩具和娱乐设施。一些简单的活动,比如和宝宝玩拍手游戏,或者和孩子一起编故事,所有这些都能让孩子进入有创意的世界。本书对锻炼学生创造力的智力游戏项目策划进行了系统而深入的阐述,体例科学,内容全面,具有很强的系统性、实用性、实践性和指导性。

由于时间、经验的关系,本书在编写等方面,必定存在不足和错误之处,衷心希望各界读者、一线教师及教育界人士批评指正。

编者

目　录

第一章

滑冰运动的竞赛与裁判

1. 滑冰概述

滑冰简介

滑冰，亦称"冰嬉"，很多人认为，滑冰是从外国传来的"洋玩意"，事实上，早在宋代，我国就已经有了滑冰运动，不过，那时不叫滑冰，而称之为"冰嬉"。"冰嬉"包括速度滑冰、花样滑冰以及冰上杂技等多种项目。

滑冰历史

《宋史》记载：皇帝"幸后苑，观冰嬉"。这项"冰嬉"运动延续了几个朝代经久不衰，到了清朝已经成了民间普遍的文体娱乐活动。

根据乾隆年间出版的《帝京岁时纪胜》记载："冰上滑擦者所著之履，皆有铁齿。流行冰上，如星驰电掣，争先夺标取胜。"这就是现在的速滑比赛。该书《礼笺》也记述了"冰上蹴鞠，皇帝亦观之，盖尚武也"。鞠，即球。蹴鞠即踢球。

可见，我国在清朝就有了冰球运动。是盛行于我国北方的民间传统体育活动，在山西部分地区也十分流行。这种活动早在宋代就有记载，《宋史·礼志》称："幸后苑观花作冰嬉。"清人宝竹坡的《冰嬉》诗更有入细的描绘："朔风卷地河水凝，新冰一片如砥平。何人冒寒作冰戏，炼铁贯韦作膝行。铁若剑脊冰若镜，以履踏剑磨镜行。其直如矢矢逊疾，剑脊镜面刮有声。"

山西民间流行的滑冰形式除穿冰鞋速滑和花样滑外，还有一种专供儿童玩耍的冰车。冰车是用木板或木条钉成一个长方形木架，在木架下边左右钉上一截钯钉，钯钉要突出木架之外，用于接触冰面，减少摩擦，利于滑行。人坐在木架上，两手各持一截带尖的铁棍以用来加力和拨动冰向，冰车就滑行起来；同时，铁棍也有掌握方向和掣动的作用。

在人类的上古时代，北欧的游牧民族就已经利用动物骨骼从事滑冰活动；后来经芬兰游牧民族传入瑞典、丹麦、荷兰等地，滑冰运动才与人类发生关系，大约在 13 世纪左右的英国滑冰运动就已经非常盛行。在 19 世纪末滑冰运动传入中国。滑冰运动分为速度滑冰和花样滑冰两种。速度滑冰是滑冰项目之一，速度滑冰简称速滑。是滑冰运动中历史最为悠久，开展最为广泛的项目。北京一向是冬季运动开展较好的地区，从旧时"三海"流传下来的民间冰面休闲就已经融入北京人的生活，被赋予了一定意义上的人文内涵。

1763 年 2 月 4 日在英国首次举行 15 公里速度滑冰赛，1889 年在荷兰的阿姆斯特丹首次举办世界冠军赛。男、女速滑分别于 1924 年、1960 年被列为冬奥会比赛项目。

中国速度滑冰运动曾经有过辉煌的历史，早在 1963 年罗致焕就在日本长野县浅间山轻井泽获得了世界速滑锦标赛男子 1500 米冠军，这是中国获得的第一枚冬季项目世界锦标赛金牌。这一年出生的王秀丽，1990 年在加拿大渥太华女子速滑世界锦标赛上获得女子 1500 米冠军，成为中国第一个速度滑冰项目的女子世界冠军。

1992 年，叶乔波在法国举行的第十一届冬奥会上夺得两枚银牌，实现了中国在冬季奥运会上奖牌"零的突破"，继而他又多次在世界短距离速滑锦标赛上获得全能和单项冠军。为此，中国领导人江泽民签署命令，授予她"体坛尖兵"荣誉称号。

中国女子中短距离一直是中国速度滑冰的重点和优势项目，目前处于世界的中上游水平，拥有王曼丽、王北星等优秀选手，女子长距离处于中游水平。男子项目整体上与世界水平差距较大，但是近几年也涌现出了一批像于凤桐这样的优秀运动员。

我国开展速度滑冰比赛项目比较普及的省市和单位主要有黑龙江、吉林、解放军、内蒙古、辽宁和新疆。

滑冰运动不仅能够锻炼人体的平衡能力、协调能力以及身体的柔韧性，同时还可增强人的心肺功能，提高有氧运动能力。它还能够有效地锻炼下肢力量，十分适合开车族。还有很好的减肥效果。对于青少年来说，滑冰有助于孩子的小脑发育。穿上冰刀在冰面上尽情奔驰，豪情一番，不仅放松心情，更获得融入自然的乐趣。

滑冰注意事项

1. 要选择安全的场地，在自然结冰的湖泊、江河、水塘滑冰，应选择冰冻结实，没有冰窟窿和裂纹、裂缝的冰面，要尽量在距离岸边较近的地方。初冬和初春时节，冰面尚未冻实或已经开始融化，千万不要去滑冰，以免冰面断裂而发生事故。

2. 初学滑冰者，不可性急莽撞，学习应循序渐进，特别要注意保持身体重心平衡，避免向后摔倒而摔坏腰椎和后脑。在滑冰的人多时，要注意力集中，避免相撞。

3. 结冰的季节，天气十分寒冷，滑冰时要戴好帽子、手套，注意保暖，防止感冒和身体暴露的部位发生冻伤。

4. 滑冰的时间不可过长，在寒冷的环境里活动，身体的热量损失较大。在休息时，应穿好防寒外衣，同时解开冰鞋鞋带，活动脚部，使血液流通，这样能够防止生冻疮。

滑冰冰车

冰车是农村孩童玩得用木板钉制的可以用带钉子的木棍支撑在冰面上滑行的玩具。

由于气候等原因，此类冰上项目一直在北方城市黑龙江、吉林、辽宁农村等小村镇很是普及。

历史背景：早期的冰车是从雪上爬犁演变过来的，它可以更适用于封冻的江面及河面使拖拉物品速度更快，时间应该是解放前期甚至更久远。后来随就演变成孩子们的玩具。它的出现基本上和一些老的传统物件及文化是一个演化过程。

冰车的类别：主要分双腿冰车和单腿冰车

1. 双腿冰车：大家普遍叫冰车，材料多数是木板及木方和冰刀组成，冰刀有好有坏。配上一副用原木杆钉上大号钢钉后把钢钉头磨尖的冰扎，这一套冰车就算做好了。玩法：坐着滑的慢，跪着滑着快！灵活性不好，适合小点的孩子。

2. 单腿冰车：有叫单腿驴的、也有叫单腿雷子的，材料也是以木头为主，用一根冰刀在底下，速度及灵活性非双腿冰车能比！滑起来"平衡"特别难掌握，需练习一段时间方能滑的起来。它更适合年龄

稍大点的孩子玩。这种单腿冰车现在也只有在少数东北农村能看的见啦。

2. 速度滑冰

简 介

速度滑冰是一项比赛滑行速度的冰上体育运动，从事速滑运动有助于增进身心健康，促进人体新陈代谢，提高心肺功能，增强防寒能力，培养坚毅顽强的意志品质。速滑项目按照国际滑冰联盟的规则规定，分短距离、中距离、长距离和全能4种，每种均分男女组。

速度滑冰又分为大跑道速滑和室内短跑道速滑。速滑通常指的是大跑道速滑。大跑道速滑比赛在周长400米的跑道上进行。跑道分内、外两条，每组2人同时滑跑。每滑1圈交换1次内、外道。运动员滑跑时呈蹲屈姿势，借助窄而长的冰刀，通过两腿轮流蹬冰、收腿、下刀、滑进及与全身协调配合而形成的周期性动作来获得滑行的最快速度。

历 史

滑冰运动在世界上有悠久的历史。古代生活在寒冷地带的人们，在冬季冰封的江河湖泊中以滑冰作为交通运输的手段。以后，随着社会的进步，逐步发展为滑冰游戏，直到现代的速滑运动。滑冰运动的发展，从滑冰工具的改进上可以看得出来。从10世纪开始，出现用骨制的冰刀滑冰。到1250年左右，荷兰盛行钉在木板上的铁制冰刀，绑在鞋上，在冰面上滑行。17世纪，铁制冰刀有了改进，有人发明了管式铁制冰刀，使速滑运动有了新的发展。

国际性速滑比赛，始于19世纪末。1889年，在荷兰的阿姆斯特丹举行了第1届国际速滑比赛。参加国有荷兰、挪威等13个国家，并商定以后每年举行一次世界性比赛。1892年，正式成立了国际滑冰联盟，它负责组织比赛的项目有速度滑冰和花样滑冰，并规定每年举行1次世界男子速滑锦标赛。1893年，举办了第1届世界男子速滑锦标赛；1936 年，举办了第 1 届世界女子速滑锦标赛；1924 年，第 1 次举行冬季奥运会，仅设男子速滑比赛项目；1960 年，增加了女子速滑比赛项目。国际速滑运动的发展，促进了速滑成绩的不断提高。20 世纪 50 年代以前，挪威和芬兰的选手称雄，世称"北欧派"。

在 20 世纪 50 年代，苏联速滑运动崛起，在第 7、第 8、第 9 届冬季奥运会上苏联获得金牌最多，占绝对优势。到了 60 年代，挪威、瑞典和苏联的健儿互争短长。中国运动员王金玉和罗致焕曾打破世界男子全能纪录，罗致焕并获得 1 枚世界锦标赛的金牌。70 年代初，荷兰的阿德·申克曾多年保持世界纪录。进入 80 年代，第 13 届冬季奥运会标志着现代速滑水平已经很高，在男女 9 个项目的比赛中，有 63 人共打破 106 次奥运会纪录，打破 1 项世界纪录。欧美争夺激烈，过去威震冰坛的挪威和苏联的成绩下降，而美国的埃里克·淘登却独得 5 枚金牌，成为一时之雄。

中国的滑冰活动历史悠久，早在宋代就出现了由滑雪发展而来的"冰嬉"。元代以后，"冰嬉"更为盛行，而且规模更大，明代有了关于"冰床、冰擦"的记载，清代乾隆年间，更设"技勇冰鞋营"，并有一套管理制度和训练方法，管理机构称为"冰处"。据《清文献通考》记载：速度滑冰"每年十月，各族选善走冰者二百名，内务府预备冰鞋、行头等项，每到冬至后，皇帝到瀛台等处看表演冰嬉。"

19 世纪末，欧洲的滑冰运动传入中国，速滑运动逐渐成为北方人民群众所爱好的冬季运动项目，1935 年，在北京举行过 1 次滑冰比赛。1943 年 2 月，在延安举行的冰上运动会比赛项目有男、女 100 米速滑以及各项表演。

中华人民共和国成立后，广大青少年参加速滑运动的人逐年增多，特别是哈尔滨、长春、齐齐哈尔、吉林等城市的群众性冰上运动开展得很活跃。1953 年 2 月，在哈尔滨市举行了第 1 届全国冰上运动会，有 6 个单位参加了速滑比赛，创造了中国第 1 批速滑纪录。1955 年，在哈尔滨市举行了第 2 届全国冰上运动会，有 72 人次打破了全国最高纪录。1959 年，举行了第 1 届全国冬季运动会。同年，中国速滑运动员王金玉在苏联阿拉木图参加 6 国国际邀请赛中，获得男子全能冠军，并在 5000 米比赛中战胜世界纪录保持者苏联运动员希尔科夫。同年，在第 53 届世界男子速滑锦标赛中，杨菊成以 42"4 的成绩取得 500 米比赛的第 2 名（平第 1 名成绩）。1961 年，在世界女子速滑锦标赛上，刘凤荣获得全能第 4 名；在男子锦标赛中，王金玉获得全能第 8 名，并在同年 9 国国际邀请赛中获得全能冠军。1962 年，在莫斯科举行的世界锦标赛中，王金玉和罗致焕分别获得全能第 5 名和第 6 名；王金玉并在 1500 米的比赛中获得第 3 名；刘凤荣再次获得全能第 4 名。在 1963 年世界男女锦标赛中，王金玉和罗致焕均打破世界男子全能纪录，罗致焕在 1500 米比赛中以 2 09"2 的成绩获得金牌，并创造该项锦标赛纪录；女运动员王淑媛获得 1000 米的第 2 名和全能第 6 名。1975 年，在挪威举行的世界锦标赛中，赵伟昌以 40"93 的成绩获得 500 米的第 2 名。1976 年，在第 3 届全国冬季运动会速滑比赛中，少年组的成绩提高幅度较大。1979 年，在第 4 届全国冬季运动会速滑比赛中有 32 人，60 次打破 14 项男女成年、少年的全国纪录。1980 年，中国速滑队参加了在美国普莱西德湖举行的第 13 届冬季奥运会。

速滑场地

速滑跑道

标准速滑跑道是由两条直线跑道连接两条弧度为 180° 的半圆式曲线组成的两条封闭跑道。最大周长 400 米，最小周长为 333.1~3 米。国际比赛应在 400 米周长的跑道上进行，其直线跑道长为 111.98 米，跑道宽 5 米，内跑道的内圈半径为 25 米，外跑道的内圈半径为 30 米。假定跑道为南北方向，终点应设在西南角，东边直线跑道为"换道区"。跑道分界线应用宽 10 厘米、高 5 厘米严密整齐的雪砌成（冰刀稍触及即能清楚地看出痕迹）。除换道区无雪线外，其余均应堆砌雪线，但不使雪线冻结在冰面上。如无雪，可将宽 5 厘米、长 10 厘米、高不超过 5 厘米的橡皮、木块或其他合适的物质涂上协调颜色代替雪线。起点线、边线、起跑预备线、终点线前 5 米每隔 1 米的标线均为蓝色，终点线为红色，线宽均为 5 厘米。

速滑装备

速滑装备包括冰刀、冰鞋和滑冰服装。

冰刀、冰鞋

速滑冰刀是由刀刃、刀身管、前小刀托、前大刀托、前托盘、后刀托和后托盘等部分组成。现代高级速滑刀刀刃多由优质高碳钢制成，其他部分由轻合金制作。速滑刀的特点是：刀身比花样刀高，比冰球刀低，刀身比这两种刀长，刀刃比这两种刀薄（厚度为 1～1.3 毫米）而轻，刀刃平，与冰面接触距离长，可保持滑行的良好直线性。速滑冰鞋选用优质厚牛皮缝制，为半高腰瘦长形，鞋跟部为坚硬式，以包围和固定脚跟。鞋底为硬皮、冰刀以螺钉或铆钉固定在鞋底上。一般运动员冰刀与冰鞋的匹配长度是：从鞋尖到刀尖为 8～9 厘米，从鞋跟到刀跟为 5～6 厘米。由于两只刀的刀刃在滑跑中使用的程度不同，加之弯道滑跑时身体向左倾倒，所以两脚冰刀与鞋固定的位置也不同。一般右脚冰刀将冰刀尖装于右脚大脚趾正下面，冰刀后跟位于鞋跟的正中间。左脚冰刀将冰刀尖装于左脚大脚趾与二脚趾中间，冰刀跟位于鞋跟中间。

服　装

速滑运动员的服装应具备保暖、轻便等特点。速滑运动员的比赛服均为尼龙紧身运动服和连衣服。连衣服是帽子、上衣、裤子、袜子连成一体的，具有轻便、紧身、阻力小、动作灵活等特点。由于尼龙服保温不好，在温度较低的气候条件下，运动员需穿贴身的棉毛内衣。男运动员还要穿三角裤衩或护身。天气奇寒时则应在膝、胸等部位垫上防风纸或其他物品。做准备活动时，冰鞋要套上保温较好的鞋套，以防脚冻伤。练习时要穿保暖服，裤子两侧缝上拉锁，以利穿脱。

速滑技术

合理技术

速滑的合理技术是运动员以最快的速度滑完规定距离所采用的协调、省力的全身动作。滑行速度和保持速度的能力，是鉴别滑行技术合理程度的主要标志。它要求运动员滑行时上体前倾，两腿深屈，身体呈流线型，双足交替进行单足支撑惯性滑行、单足支撑蹬冰和双足支撑蹬冰 3 个阶段进行循环，各动作结构严谨，协调自如，节奏自然流畅。运动员要有较高的平衡能力和较强的腿部力量，才能作出合理的技术动作。

直道滑行

直道滑行姿势是速滑的基本技术。合理的滑行姿势应是：上体放松前倾，自然团身与冰面平行或略高于臀部，腿部深屈，膝关节成 90°~110°角，踝关节成 50°~70°角，两臂放松置于背后，头微抬起，滑行姿势根据个人形态素质特点、滑行距离、冰场条件、天气情况等而有所不同。直道滑行，关键在于要能掌握适宜的蹬冰时间。冰刀切入冰面，获得牢固支点，同时即应开始蹬冰，最大用力蹬冰，应在两腿交接体重的刹那间完成。为了利用体重蹬冰，倾倒时体重应牢牢压在支撑腿上，不要过早交接体重。收腿动作要利用蹬冰后的弹力立即放松后腿，积极靠拢支撑腿，不要有停顿和后引的动作。下刀动作应注意膝关节领先，与前进方向一致，向前提拉要快，着冰后动作要轻巧。

弯道滑行

基本姿势与直道滑行大致相同，但由于向心力作用，弯道与直道动作又有很大区别。弯道滑行时，身体始终向左倾倒，用左脚外刃、右脚内刃蹬冰。弯道滑行中的惯性滑行阶段很短，右脚尤为短暂，在短距离滑行中几乎不存在惯性滑行阶段。其主要动作要求是：进弯道时右脚最后 1 步要进入直道和弯道交接处，深入程度以天气、冰质、风向、项目等情况而定。左腿紧贴右脚下刀，指向切线方向，着冰时脚尖开始逐渐顺送，用外刃紧紧咬住冰面，左肩与新的切线方向一致，不要扭腰摆臀。收腿动作在蹬冰后即放松，积极向支撑腿方向提拉，膝关节领先，以利形成前弓角度。在浮腿收回过程中促进身体向左倾倒，两腿成边收边蹬形式。蹬冰方向，两脚要有"侧送蹬"感觉，上体纵轴与浮脚着冰方向一致。

起跑技术

主要有两种：一是正面前脚点冰起跑法，二是侧面起跑法。优秀运动员多采用第 1 种方法。其主要动作是由静止状态，运用合理技术，迅速转入快速滑行的技术动作。起跑技术对提高短中距离项目成绩尤为重要。前脚点冰起跑技术要领是：前脚刀尖为支点，后脚全内刃着

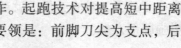

冰，两刀距离略比肩宽，面向前方。蹲屈姿势略高于其他起跑姿势，重心在两脚之间或稍前。起动时，大腿高抬，上体前倾，冰刀着冰时要紧紧切住冰面，头几步不要滑动。

摆臂动作

主要是用于短中距离滑行，可起到协调、加大蹬冰力量的作用。现在，在长距离滑行中采用单臂摆动的人越来越多，摆臂用力程度较小，摆动方向要与滑行方向一致。短中距离无论采用双摆臂或单摆臂，都要用力，特别要注意向侧前摆动的速度和力量。

犯规：在比赛过程中，运动员可随时越过对手，但如不法手段，如：故意推挤其他对手、偷跑、滑出跑道等都会被取消比赛资格。而在接力赛中，每队有4位运动员，运动员不可故意推挤其他对手、偷跑、滑出跑道、非法超越、无故慢下来、超越接棒区域都是不法行为，会被取消比赛资格。

滑冰技法

滑冰分为速度滑冰，花样滑冰，冰球运动。现在着重讲述速度滑冰。速度滑冰主要在于速度，初学者应以平衡为基础，蹬冰为核心，弯道为关键来练习。

1. 首先要保证平衡滑进的质量，通俗一点说，就是先能在冰上站稳，并且能平行滑进。所以，直线滑进时，浮腿迅速收至支撑腿平衡动作，支撑腿深屈降低重心，鼻，膝，脚尖三点成一条直线，保持平衡滑进。

2. 弯道滑行时，能否产生更高的速度取决于蹬冰，弯道的蹬冰与直道不同，两脚均向侧蹬冰，右脚蹬冰与直道相似，左脚在右脚后交叉用外刃完成蹬冰，其比右脚蹬冰时间长。注意，初学者在学此技术时，切忌速度不要过快，否则容易受伤。

正确的溜冰技术要领是上身放松前倾，头微抬起，两腿深蹲，身体呈流线型。整个滑行动作由单足支撑惯性滑行。单足支撑蹬冰和双足支撑蹬冰两组动作连贯而成，要尽量做到动作协调自如，节奏自然流畅，腿的弯曲度越大，重心越低，就越容易保持滑行时的平衡与速度。也越能增强腿部力量。

对于一个新手来说，第一次穿上冰鞋是一件很可怕的事情，因为对他来说，总有要摔倒的可能，这的确也是事实。其实，练习滑冰要想一跤也不摔是不可能的，所以首先应该做好摔跤的心理准备，同时，如果有条件的话，应该带上必要的护具，护具包括护腕、护肘、护膝和头盔，其中最重要的是护腕，因为有了护腕，在摔跤时，你就可以放心的用手去支撑地面，而不会受伤太重。而头盔一般是不用的，只是为速滑中保护头部而设计的。初学者，第一次穿上冰鞋以后，不要急于开始滑行，可以先像平时走路一样，先走走，俗话说：只要功夫深，铁杵也能磨成针，平稳的走上 1000 步以后，不会也会了。在能够站稳以后，就再不可以用能走起来这样的标准来要求自己了，这时最关键的就是把走变成滑，这样才能渐渐找到滑冰的乐趣。在这个时候可以进行一些下面的练习。

企鹅步——顾名思义，就是像企鹅走路那样摇摇摆摆的走动。方法：双脚分开，不要超过肩的宽度，两手放于体侧，保持这个姿势，不要动脚和手，而是左右摇摆身体，不断的使身体的重心在左右两腿上移动，通过重心的变化，使身体慢慢的向前滑出。这种练习，可以使初学者更好的体会重心的移动，为以后打下好的基础。企鹅步，走起来很傻，所以虽然好处多多，也不宜练得太多，因为会使人感觉你很傻，影响你的公众形象，所以，为了找好重心，也可以进行这样的练习：在滑行过程中，当速度提高到一定水平的时候，就把重心移到一只腿上，并尽可能的保持住，实在无法保持平衡的时候再把另一只腿放下。当身体重新平衡以后，再次抬起一条腿，如此反复，直到单腿能很好的保持住身体的平衡，要求，做到单腿能保持到完全停下来最好。同时需要注意的是，两条腿都要练，不要只练一边。

从滑冰之初，就可以进行一些相关的陆上练习，最简单的就是单腿平衡：单腿支撑，双手平伸，身体前倾，后腿抬平。这个动作实际就是以后要练到的雁式平衡中的俯雁。在陆地上练习这个动作，最大的好处就是可以更快的帮助我们找到单腿平衡的感觉，为以后冰上（暂时把场地叫作冰上吧）的练习打好基础。冰舞的可观赏性的高低，很大程度上取决于表演者动作的标准程度，而要把动作作标准，没有很好的韧带是不可能的，因此压腿和拉韧带是十分必要的。压腿和拉韧带的方法很多，我所知道的，很可能比大家知道的还要少，所以在这里就不一一赘述了。只想强调一点，就是这个东西重在坚持，要是图一时轻松，休息一两天不练，废掉的，很可能就是十天的功夫，呵呵。在能顺利平稳的前滑以后，最想的就是拐弯了，因为不撞南墙不回头的滑法大家都是不想的。

最标准的弯道滑技术就是压步了，相信大家在各种水冰和旱冰比赛和表演中应该都见过了。练习压步最重要的就是要有把重心压向圆心的勇气，方法如下：在滑行中，先将身体转向要转的一侧，面向圆心，双手拉开圆（这样有助于保持身体的平衡），重心倒向圆心，内脚外压，外脚内放，如果鞋允许的话，最好走弧线，如果，鞋的质量不好（如简易的当鞋）就只能走切线了。也可以作相关的陆地练习，方法大致和走交义步差不多（呵呵，其实是偶说不清楚啦），多练是很有好处的，同样，压步要两边都练，只练一边不好玩，也不方便。顺便说一句，穿上冰鞋走交叉步也是一种很好的练习平衡的方法，不过一定要小心，因为刚开始的时候很容易摔跤。

蛇行是一种最简单的图形滑法，因其轨迹像行进中的蛇而得名，前蛇行就是其中的一种。滑法：双腿并拢，微曲，重心放在脚后跟上，不要用脚滑，而是用身体带动，通过身体的扭动，使自己向前滑起来，最关键的就是要做到让人看不出你是在什么地方用力蹬的地，轨迹更是尽可能的圆滑为好。

前滑就暂时告一段落吧，再说说倒车的方法吧。首先，倒滑必须克服的一个心理障碍就是要敢于把重心向后坐。大多数初次倒滑的人都有重心靠前的毛病，导致的直接后果就是总是向前摔。其次，前滑时脚成外八字，而倒滑时，脚成内八字，这样才能方便的蹬地。最开始可以练习倒滑葫芦，然后可以在滑葫芦的时候逐渐开始左右移动重心，并交替的用一只脚带动另一只脚，慢慢过渡到后蛇行。

前滑和后滑都有一定造诣之后，就该考虑考虑连接问题了。最常见的贯通方式是一字转身，就是在前滑的过程中，将身体转向一侧，同时双脚掰开，成一字，随着身体的转动，自然的转动脚，这样就可以毫不费力的将前滑转成后滑了。同样，在后滑的过程中，同样也可以通过相似的方法转过去，所不同的是，后转前时，应该反相打开成一字步，同时有一小段需要画一个后外弧，这样既好看，又平稳，当然经常练习才会作得更好。

这也是跳跃动作中最简单的一种，就是在前滑的过程中，双脚起跳，在空中转 180 度后，后滑双脚落地。在作这个动作的时候，刚开始很可能感觉转不过来，别怕，有了前面的基础作这个已经不难了，只要敢作，就一定能作出来的。还有，这里有一个小技巧，就是在起跳前，可以先双脚画一小段弧，并随之转过 45 度左右，这样起跳之后可以更容易的转过去。同时手应该辅以六位手以带动身体，如左转时，可以先左手在前，右手在侧，在空中摆臂，落地时转成右手在前，左手在侧。完成这个动作时，最重要的就是要胆大心细。

8 字是一种很常见的图形滑，因其轨迹是一个 8 字而得名，前外 8 字是其中最容易的一种。要练习这个动作，首先要有足够的前压步功底，然后在压步的过程中逐渐的保持单脚外弧长滑，并慢慢加长外弧的长度，最后能一脚走出一个完整的圆来，双脚都要练，都能轻松走出漂亮的圆弧的时候，就可以把两个圆弧接起来，作出一好看的 8 字了。练习这个动作，对平衡感也有很大的好处。

同样，3 字也是一种常见的图形滑，同样因其轨迹是一个 3 字而得名，同样前外 3 字是其中最容易的一种。初学滑冰的人很容易错误的认为 3 字是跳转的一种，因为它是单脚先滑一段前外弧，然后转身，再作一段后内弧，两段弧加起来就形成了一个 3 字。中间的转身动作很容易被误认为是跳过去的，其实不然。要做好这个动作，首先要能较平稳的做好各种弧线，不一定要都能走上一个圆，但一定要能平稳的走出弧线，否则就暂时不要练。完成的过程大概是这样的，以左前外 3 为例：在滑动中，以左脚支撑，画出一段左前外弧，同时，上体左转，当身体转到无法再转的时候，顺势以两前轮支撑地面，转过身去，然后，再滑一段后内弧，注意，在整个过程中，左脚一直没有离地（所以不是跳转），而右脚一直没有沾地。

可以每天坚持跑步，这样可以增强体质，同时对体力也大有好处。

同时在跑步的时候也可以适当的加一些倒跑的练习，这样有助于练习自己在后退运动中的平衡感，对更好的学习倒滑也有很大的好处。舞蹈练习也是很必要的，首先它可以提高我们的乐感，使我们在音乐中能更自如的展现自己。其次，有些东西也可以被借用到花样中，如最常见的六位手就是从芭蕾中借鉴过来的。还有，就是芭蕾的旋转对我们找到旋转的感觉也很有帮助。还有很多运动，都是对滑好冰有很大帮助的，大家可以自己去发掘。

这是跳转动作中比较简单又比较好看的一种了，要完成这个动作应该首先练好前外弧线和后内弧线。这里以左脚起跳为例，简单说说整个动作的完成。首先，作左前外弧线，滑到弧顶的时候起跳（初学的时候可以在前外弧前加上一个前转后后转前的转身动作，这样可以更好的找到转身的感觉，并提供一个初始的转动惯量，方便动作的完成），这时是左手在前，右手在侧，成六位手。起跳后，右腿顺势甩到左腿前面，并夹紧（这个动作是为以后的多周跳打基础的），这时应收手于胸前，身体转过 180 度后，右脚落地，左脚顺势向后甩开成后雁式平衡（这样既好看，又容易保持身体的重心），以后外弧线滑出，此时右手在前，左手在侧，还是成六位手，不过方向和起跳时相反在整个动作完成的过程中，应注意用身体带动转体，而不是用脚来拧。和前外 3 字相似，同样需要以弧线为基础，以左后外 3 字为例。

先以左后外弧线起滑，在滑到弧顶的之前，保持左脚外弧线不变，身体渐渐向右转，滑到弧顶时，身体转到不能再转的位置，顺势以左脚脚跟两轮为轴，向右转动前轮，变为前内弧线。同样，在这个动作的完成过程中应该以身体带动脚，而不是用脚来拧。类似的，可以完成前内 3 字和后内 3 字，不过内 3 动作相对较难，所以建议先练外 3 再练内 3。

圆规滑是一种常用的辅助动作，常用于旋转的起转和前滑的急停。圆规滑是因其滑行的动作和圆规相似而得名（以一脚为轴，另一只脚以之为圆心画圆）。完成圆规滑的动作大致是这样的（以左转圆规滑为例），在滑行的过程中，左脚抬起，向右脚前方放下，前轮着地，此时将身体向左倾斜，重心放在左脚上（注意，只是重心在左脚，但左脚并不用力，只起定点作用），右脚用力踩地，并顺势转身，以左脚前轮为心画圆，圆画得越小越圆越好。这个动作的关键是画圆前，左圆心的左脚要向前踩出，在转动过程中，重心在圆心而力在圆上。练习时最好两边同时进行，这样有助于身体的协调。这是一个最基本的练习，它可以锻炼滑冰过程中的协调性和腿部力量。动作很简单，首先，滑后葫芦，画两个以后，重心前移，双脚并拢，用力停住，然后滑两个前葫芦，画完以后，重心后移，两膝相顶，用力停住，再滑后葫芦，如此反复，可以打下很好的基础。

速滑训练

速滑技术水平随训练工作不断改进而有所提高。最初，人们参加速滑运动，只是冬季在冰上练习，后来有人在无冰期增加了身体训练内容，促进了速滑运动成绩的提高。到 20 世纪 50 年代，世界著名选手已开始进行比较完善的全年训练计划。最近 20 年来，随着速滑训练理论不断提高，以及由于吸取了其他项目的训练经验并改进了训练器材，运动技术又有了大幅度的提高。

速滑是在气温较低的环境里比速度的一种周期性运动项目，所以速滑训练要把全面身体训练和专项身体训练、有氧代谢和无氧代谢的训练、心肺系统和肌肉系统的训练、动力性和静力性力量训练密切结合起来，实施综合性训练。

少年儿童的训练

培养高水平的速滑运动员，应从少年儿童时起进行多年系统的训练。根据少年儿童生长发育的特点，在一般情况下，一个训练周期大约 3 年左右，大体上经过 3~4 个周期，才有可能培养成为优秀的速滑选手。在全年和多年的训练中，应科学地系统地制定全年和多年的训练计划。训练时期要根据训练的主要目的和要参加的重大比赛任务，结合少年儿童或运动员的不同情况科学地加以划分。

训练时期可按年度分成几个不同时期：

1. 准备期：为参加比赛作好身心准备；

2. 比赛期（竞赛期）：使身心达到最佳竞技状态，参加比赛；

3. 过渡期（休整期）：消除因紧张竞赛所产生的身心方面的疲劳；

也可按季节或陆地（无冰期）训练、冰上（冰期）训练划分时期。无论怎样划分时期，都要从实际情况出发，遵循人体生理机能，根据训练比赛任务来确定，不能把时期绝对化。

速滑训练方法

速滑训练的方法很多，有重复法、变换条件法、综合训练法、间歇训练法等。

1. 间歇训练法：是利用某种手段做某个练习，中间有一定时间间隔的训练法。

2. 综合训练法：是利用不同手段和各种练习进行训练。采用这两种方法可选用下列训练手段进行训练：

（1） 各种跑：对提高心肺功能效果较好，在复杂地形上跑还可增强腿部力量；

（2） 自行车练习：除具有跑的效果外，还可提高运动员的专项素质；

（3） 在山地和沙地上训练：可提高强度、难度，对提高腿部肌群力量效果较好；

（4） 各种高质量的屈膝走：对心肺系统和肌肉系统都能产生较强的刺激，是现在最常用的手段之一；

（5） 各种模仿性跳跃练习：主要提高专项肌群的能力；

（6） 滑转辘冰鞋练习：可改进速滑技术和提高专项能力；

（7） 滚动跑台、模仿动作滑行台、滑行板练习：对提高专项能力有显著效果；

（8） 各种负重练习：是提高绝对力量、耐力和静力的主要手段；

（9） 全面发展力量操和橡皮筋练习：能协调发展全身力量；

（10） 各种柔韧性练习：对发展各种素质有良好的辅助作用，并对防止运动创伤有积极作用。

70 年代初，增加了"世界短距离速滑锦标赛"，*80* 年代初，增加了"短跑道速滑比赛"，由于男子全能比赛和短距离比赛对运动员的素质和机能要求极不相同，所以男子全能和短距离项目分别进行训练和比赛的趋势逐渐明显：前者以耐力和速度耐力为主，而后者则以速

度力量和速度耐力为主。女子全能比赛距离较短，对机能的要求与短距离差别不大，因此分项训练的特点尚不明显。

竞赛项目

世界锦标赛的竞赛项目，男子为 *500、1500、5000、10000* 米；女子为 *500、1000、1500、3000* 米。世界男女短距离锦标赛竞赛项目均为 *500、1000* 米。世界青少年速滑锦标赛竞赛项目，男子为 *500、1500、3000、5000*；女子为 *500、1000、1500、3000* 米。冬季奥运会竞赛项目，男子为 *500、1000、1500、5000、10000* 米；女子为 *500、1000、1500、3000* 米。各种比赛，除奥运会项目按男子 *500、5000、1000、1500、10000* 米，女子 *1500、500、1000、3000* 米的程序进行外，其他比赛如天气情况允许均应在两天内进行，编排顺序按第 *1* 项短距离、第 *1* 项长距离和第 *2* 项短距离、第 *2* 项长距离的次序比赛。

竞赛通则

注：短跑道速滑比赛除外。

运动员必须按逆时针方向滑跑。内道起跑的运动员，滑行到换道区时应换到外道滑跑，外道运动员要换到内道。在换道区争道时，出内弯道运动员要主动让道。起跑时，在"各就各位"口令下达后，运动员要在起跑线与预备线之间静止站好。"预备"口令下达后，立即做好起跑姿势，鸣枪前不准活动，保持静止，枪响后即起跑。在弯道滑跑中，冰刀不准切入雪线。2 名以上运动员在同一条跑道滑跑时，后面运动员必须与前面运动员相距 5 米之外，在不影响前面选手正常滑跑情况下，可以超越。运动员的冰刀触及终点线，才算到达终点。运动员在比赛中由于不属于自身的原因而影响了正常滑跑或摔倒时，经裁判长允许，可以休息 30 分钟后，重新参加该项比赛，但因冰场不洁或冰刀损坏，则不能重新比赛。

全能冠军应是取得 3 个以上单项第 1 的运动员。若无人达到这一要求，以 4 项得分最优者（得分最少）为全能冠军。获得 3 个单项第 1 名，但有 1 项被取消比赛资格或因个人原因未滑完 4 个项目的运动员，不能授与全能冠军，也不能计全能名次。

全能得分规定如下：*500* 米成绩的秒数就是该项所得分数；*1000*

米成绩的 1/2 数字就是该项的得分数；1500 米成绩的 1/3 数字就是该项的得分数；3000 米成绩的 1/6 数字就是该项的得分数；5000 米成绩的 1/10 数字就是该项的得分数；10000 米成绩的 1/20 数字就是该项的得分数，总分数只计算到小数点后 3 位，如遇几名选手的总分差别微小，应考虑到小数点后 4 位。

3. 花样滑冰

起 源

花样滑冰起源于 18 世纪的英国，后相继在德国、美国、加拿大等欧美国家迅速开展。1772 年英国皇家炮兵中尉约翰逊撰写的《论滑冰》在伦敦出版，这是世界上出版的第一部涉及到花样滑冰的书籍。1863 年美国芭蕾舞表演艺术家海因斯将滑冰运动与舞蹈艺术融为一体，在欧洲巡回表演，丰富了花样滑冰的内容和形式。1868 年美国的丹尼尔·梅伊和乔治·梅伊首次表演双人滑，这是世界上有记载的最早的花样滑冰表演。1872 年奥地利首次举办花样滑冰比赛。1896 年在俄国彼得堡举行首次世界男子单人花样滑冰锦标赛，1906 年在瑞士达沃斯举行首届世界女子单人花样滑冰锦标赛，1952 年在法国巴黎举行第一次世界冰上舞蹈锦标赛。花样滑冰的冰场长 56～61 米，宽 26～30 米，冰的厚度不少于 3～5 厘米。1924 年被列为首届冬奥会比赛项目。有男、女单人滑（1924 年列入），男女双人滑（1924 年列入）和冰上舞蹈（1976 年列入）3 个比赛项目。每个国家和地区每项限报 3 人（队）。

历史简介

世界性滑冰运动的管理机构国际滑冰联盟成立于 1892 年。花样滑冰是取得参加冬季奥运会资格的第一个冬季运动项目。花样滑冰和冰上舞蹈在 1924 年法国沙莫尼举行的第一届冬季奥运会上都成都市奥运会的正式项目。滑冰运动在世界上居领先地位的国家有美国，加拿大，英国和俄罗斯。主要的国际花样滑冰和冰上舞蹈比赛主要的有：国际比赛有世界花样滑冰锦标赛，世界双人滑锦标赛，世界冰上舞蹈锦标赛。国际比赛裁判人员有：有一个9人组成的裁判组。他们对动作完成情况以艺术印象和技术水平来裁判。滑冰运动要求运动员具有力量、耐力、速度、协调、柔韧、灵活、平衡、优美、稳定等素质。花样滑冰的个人基本技术包括：各种平衡跨跳，旋转，跳跃，各种滑行步法和各种连贯动作。双人滑的一些特殊动作包括：螺旋线，阿尔塞托举，分腿托举和燕式旋转等。有几种不同的跳跃包括：后结环一周跳，卢茨跳跃，阿克塞尔跳跃和萨霍夫跳跃。其中难度最大的跳跃是完成三周跳，三周卢茨跳跃和三周萨霍夫跳跃。

花样滑冰分类

单人滑

单人滑分男子单人滑和女子单人滑。比赛按短节目和自由滑的顺序进行，第一天短节目，第二天自由滑。

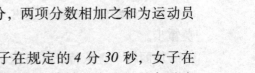

1. 短节目：运动员必须在 *2* 分 *40* 秒的规定时间内完成一套由跳跃、旋转、联合跳跃、联合旋转共 *8* 个动作和连接步编排而成的节目。裁判员首先根据运动员完成动作的质量、难度评定规定动作分，然后根据内容编排的均衡性、音乐的一致性，以及速度、姿势、音乐特点表达等评定表演分。每项满分均为 *6* 分，两项分数相加之和为运动员得分。得分多者名次列前。

2. 自由滑：运动员自选音乐，男子在规定的 *4* 分 *30* 秒，女子在规定的 *4* 分钟内完成一套编排均衡，由跳跃、旋转、步法以及各种姿势组成的滑行动作。裁判员根据运动员动作的难度、数量、质量以及内容编排、音乐配合、姿态、表情、独创性、场地利用等评定技术水平分和表演分。其评分和确定名次的方法同短节目。

双人滑

由男女共同表演。双人滑强调相互间动作配合协调。表演时除具备所有的单人滑动作，还包括一些典型的双人动作，如托举、捻转托举、双人旋转、螺旋线、抛跳等。

双人滑的比赛分两项：

1. 创编节目。原称双人规定自由滑或短节目。国际滑联公布了双

人创编节目的规定动作，每组包括 8 个动作，全套动作不得超过 2 分 40 秒钟，音乐自选，每个动作只允许做一次，附加动作要扣分。

2. 双人自由滑。运动员自选音乐，自编套路，在 4 分 30 秒钟内滑完，包括单人动作和双人动作（典型的双人动作）。双人滑与单人滑的评分方法相同，但要顾及两人动作的一致性。

冰上舞蹈

1. 简介：起源于花样滑冰，始于 20 世纪 30 年代的英国。偏重舞步，强调用动作表达音乐。1937 年英国举办首届冰上舞蹈锦标赛，1949 年起被列为单独比赛项目。

冰上舞蹈是一对男女伴随着音乐的节奏在冰上进行一些舞蹈步法和舞姿滑行的表演。经过多年演变，已经超出了花样滑冰的范围，因而单独形成一项冰雪运动的比赛项目。

双人滑和冰上舞蹈区别：冰上舞蹈不允许用托举动作，冰上舞蹈的编排不是随意的，冰上舞蹈必须完成规定的各种舞蹈。

2. 基本规则：冰上舞蹈的比赛分三部分，分别是规定舞（规定图形）、创编舞和自由舞。规定舞（规定图形）必须首先滑行。创编舞必须在规定舞之后，但不得在同一天。自由舞必须最后滑行。

冰上舞蹈的一些基本连贯动作是：夏塞步侧步快滑，乔克塔步和莫霍步。

加丽特·查依特，瑟格依·萨克挪夫斯基由一男一女配对参赛。比赛按规定舞、创编舞和自由舞的顺序进行，第一天规定舞，第二天创编舞，第三天自由舞。

（1）规定舞：根据规定的音乐、图案、步法和重复次数完成动作。规定舞共有 22 套，国际滑冰联盟用抽签方法确定两套作为下年度的比赛项目。裁判员根据运动员完成动作的质量和姿势评定技术分和表演分。

（2）创编舞：又称定型舞。运动员按规定的韵律自选音乐，在规定的时间内完成一套自编的舞蹈步法和图案。裁判员根据运动员完成的动作情况评定编排分和表演分。

（3）自由舞：运动员自选音乐，在规定的 4 分钟内完成由各种步法、托举、小跳、姿势、握法等动作组成的自编舞蹈，裁判员根据运动员完成动作的质量、风格和创新等评定技术分和艺术印象分。冰上舞蹈的评分和确定名次的方法同单人滑。

3. 冰上舞蹈特点：中国冰舞选手黄欣彤，郑汛冰上舞蹈有别于男女双人花样滑冰，它偏重于舞步，对技巧性动作有严格的限制：不允许有典型的双人滑动及单人滑的跳跃与旋转动作，诸如太多、太高或超过一周半转体的托举，两人太多、太长的分离，两人同时的跳跃，以及过多的造型等，更忌讳单手相拉的姿势和滑行中一人在另一人身上坐、靠、躺的造型。上述动作在冰上舞蹈比赛中出现，都要被扣分。

装 备

冰鞋、冰刀

花样滑冰的冰鞋用优质牛皮制成，高腰高跟硬底，男子鞋为黑色，女子鞋为白色。冰刀固定在鞋底上，冰刀较矮，刀刃刀托为一体。刀身有一定弧度，刃较厚，呈浅"凹"沟形，沟两边刃锋利，既便于滑行又能使冰刀在冰面上留下清晰的图案。刀刃前端有 5~6 个锯齿，根据锯齿的大小分为图形刀和自由滑刀两种。图形刀的锯齿较小，以免滑图形时刮冰。自由滑刀锯齿较大，便于急停、跳跃或迅速改变动作。冰刀应与鞋的大小相适应，一般刀身前端的刀齿应在鞋底前端的边缘处，刀身前端安装在脚的大脚趾与二脚趾之间的正下方，刀跟装在脚跟正中间的下方，刀尾应超出鞋后跟 1~2 厘米。

服 装

花样滑冰服装也有一个逐步改进的历史。本世纪初，花样滑冰还是一个冬季室外冰上项目，为抵御寒冷的天气，服装比较笨重，女选手穿紧身带扣的上衣，长裙直达脚面；男选手头戴高筒式礼帽，身穿长燕尾服和长西装裤。到了 20 年代，10 次世界冠军和 3 次冬奥会冠军获得者索尼娅·海妮对女子服装进行了一次大胆的改革，将裙子提高到膝部。这一惊人的创举，对女子单人滑技术的进步创造了有利的条件。

与此同时，男士服装也有了改进，齐腰的短西服上衣、芭蕾紧身裤滑起来方便多了。40 年代后，女选手的裙子一次又一次变短，并出现了上衣与裙子一体化的短连衣裙。为了表演的需要，在服装上加了装饰物，如毛边、亮片、珠子等。第二次世界大战后，女选手开始穿白色或肉色冰鞋。在服装设计制作方面大下功夫。由于近代工业的发展，弹性较大和质地柔软的氨纶等多种面料的出现，更适合于花样滑冰的训练和比赛。选手在颜色的选择、配合和设计方面都有利于音乐特点和舞蹈风格的表达，大大提高了艺术表演效果。服装已成为选手整套动作和艺术表演完美的重要组成部分。

竞赛程序

1. 单人滑：男、女必须分别进行比赛。首先进行短节目比赛，然后是自由滑比赛，两者不能在同一天。

2. 冰上舞蹈：规定舞（规定图形）必须首先滑行。创编舞必须在规定图形之后，但不得在同一天。自由舞必须最后滑行。

3. 双人滑：短节目必须在自由滑行之前滑行，但不得在同一天进行。

竞赛规则

1. 主要的国际花样滑冰和冰上舞蹈比赛主要的有：国际比赛有世界花样滑冰锦标赛，世界双人滑锦标赛，世界冰上舞蹈锦标赛。

2. 国际比赛裁判人员有：由一个9人组成的裁判组。他们对运动员的动作完成情况以艺术印象和技术水平来裁判。

3. 双人滑和冰上舞蹈区别有：冰上舞蹈不允许用托举动作，冰上舞蹈的编排不是随意的，冰上舞蹈必须完成规定的各种舞蹈。

4. 花样滑冰的个人基本技术包括：各种平衡跨跳，旋转，跳跃，各种滑行步法和各种连贯动作。

5. 有几种不同的跳跃包括：后结环一周跳，卢茨跳跃，阿克塞尔跳跃和萨霍夫跳跃。其中难度最大的跳跃是完成三周跳，三周卢茨跳跃和三周萨霍夫跳跃。

6. 双人滑的一些特殊动作包括：螺旋线，阿尔塞托举，分腿托举和燕式旋转等。

7. 冰上舞蹈的一些基本连贯动作是：夏塞步侧步快滑，乔克塔步和莫霍步。

一般规则

花样滑冰是技巧性与艺术性高度结合的冰上运动项目。裁判员根据动作质量和艺术表现分别给予评分，满分为6分。在比赛中除完成规定图形和创编的节目外，还可由运动员自选音乐，在规定时间内完成一套自由滑动作。

花样滑冰的技术要求运动员具备3个方面的基本功：

1. 滑行基本功，包括用刃技术，各种跳跃、旋转和步法等。

2. 舞蹈基本功，包括滑行中的基本姿态、动作姿态、各种舞步、双人舞步配合、双人滑中的托举等。

3. 音乐艺术鉴赏表达能力的基本功，包括对音乐节奏感、音乐内容的理解能力，通过技术与音乐配合的艺术表现和抒发能力等。

单人花样滑冰的基本技术

单人滑包括男子和女子单人滑两个项目，除个别动作外，男女单人滑基本技术动作和要领是相同的。

单人滑基本技术动作包括基本滑行、基本步法、跳跃、旋转、联合跳跃、联合旋转、接续步和自由滑动作等。

为方便学习，先将常用简化的花样滑冰术语介绍如下：

右内：右脚冰刀内刃

左外：左脚冰刀外刃

右前内：右脚前进内刃滑行

左后外：左脚后进外刃滑行

初次上冰不应急于滑行，首先应练习在冰上站稳。其要领是：两脚稍分开与肩齐宽，双膝部微屈，两臂向两侧前方伸展（协助掌握平衡），目视正前方，然后再试着走几步，一旦跌倒，要靠自己站起来，以锻炼自己使用冰刀和掌握平衡的能力。下一步便可以开始学习基本滑行技术。

1. 单足蹬冰，双足向前滑行。上体直立姿势，目视正前方，手心向下，两臂向侧前方伸展，双足稍分开，与肩同宽，两只冰刀平行站立。在蹬冰时，首先双膝微屈，然后将重心移至右足，用右足刃前部分向侧方蹬冰。在完成蹬冰动作后，迅速将蹬冰足收回原位置，将重心放在双足之间，形成双足向前滑行动作，然后再换另一足蹬冰，做同样双足滑行动作。如此反复交替，至比较熟练。

2. 单足蹬冰，单足向前滑行。在比较熟练地掌握了上述动作后，就可以进行单足蹬冰、单足滑行的练习。其准备姿势同前，只是在蹬冰时，身体重心要确实移到滑足上，在蹬冰结束后，要保持重心不变和单足向前滑行姿势，此时蹬冰足应尽快放在滑足足跟后，以保持重心平稳。初练时可以一拍蹬冰一拍滑行，双足交替进行练习。经过一段练习，重心保持较急后，可以做一拍蹬冰、二拍滑行或三拍滑行。最后可以做一次蹬冰，尽量坚持一次滑行的长度，这样做既可以提高身体保持平衡的能力，也可以练习增加蹬冰力量。

在练习中除应注意内刃侧蹬冰外，还应注意，在做单足滑行时，浮足应跟在滑足足跟后方，共同保持一个重心，两臂要放松，过分紧张不利于保持平衡，滑腿在滑行中应尽量伸直，身体保持直立，不要前倾后仰或左右扭动。一旦失去平衡不必强做挣扎，可顺势倒下，避免外伤，在滑行中还要注意双踝关节保持直立，不能过分向内倒（足外翻姿势是初学者常见的毛病）。踝关节立不直，可能是技术问题，也可能是鞋帮太软或鞋带扎得过松，一旦发现是后者，应立即纠正。

3. 单足蹬冰，双足向前弧线滑行。下面以右足蹬冰，双足向左前弧线滑行为例进行说明。双足呈丁字型站立于冰面上，左足在前，右足在后，双膝微屈，用右足冰刀内刃前部做蹬冰动作，此时身体重心稍向前移至左足外刃一侧，蹬冰后右足尽快回到左足内侧，呈双足滑行姿势，用左前外刃和右前内刃双足向左呈弧线滑行。在滑行中身体重心应稍偏于左足，右足前内刃起支撑协助滑行作用。身体纵轴稍向左倾，两臂自然伸向身体两侧，左臂稍向后，右臂稍向前，这样便于向左呈弧线滑行。

用同样的方法，相反的姿势和动作，做左足蹬冰，双足向前右侧弧线滑行。

在练习以上滑行动作时，要注意身体不能转动过急，身体纵轴倾斜角度不能过大，在练习中要充分体会双足内外刃的用力和重心移动，以便为下一个技术动作打下一个基础。初练时，速度不能过快，伴随着技术的熟练，可以适当加速，加大倾斜角度和弧线的曲度。初学者弧线的曲度以圆的直径为 5～7 米为宜。

4. 单足蹬冰，单足向前弧线滑行。准备姿势和技术动作同上，不同之处在于：在蹬冰后应立即将重心移至滑行足，蹬冰足应尽快放在滑足足跟后，足尖向下，呈单足向前弧线滑行姿势。由于是单足滑行，身体重心完全落在滑足冰刀上，身体倾斜要比双足弧线滑行大一些，两臂应发挥调解平衡的作用，切忌转体过急，造成重心不稳，两侧交替进行练习。

在练习单足弧线滑行时，应在逐步熟练的基础上适当加大单足滑行的时间和距离，为单足半圆滑行打好基础。

此外，单足弧线滑行还有右足蹬冰，左前内刃弧线滑行，左足蹬冰右前内刃弧线滑行和左足蹬冰右前内刃弧线滑行等动作，其技术要领基本相同，只是用刃不同而已，故不一一进行说明。

5. 前交叉步滑行。前交叉步分左前外—右前内交叉步和右前外—左前内交叉步。以前者为例，双足平行站在冰上，首先用右足前内刃蹬冰，在前外刃滑行，身体向左倾斜，左臂在后，右臂伸向前，然后将右足经左腿前交叉放在左足前方，同时重心由左足移至右足，呈右前内刃滑行，并用左前外刃向右后侧蹬冰，右腿屈曲，左腿伸直，两腿呈交叉状，如此反复蹬冰和滑行便形成了左前外—右前内交叉步滑行。

用相同的方法，相反的姿势和动作，进行右前外—左前内交叉步的练习。

前交叉步是在表演中应用最多和最基本的滑行动作，要尽量做到：用刃纯，身体倾斜度适当，蹬冰有力，用刀刃而不得用刀齿蹬冰，双膝关节交替屈伸的节奏控制得好，身体姿势优美放松，只有这样才能做到滑行速度快。

6. 向后双足滑行。在练习双足向后滑行时，首先要双足平行站在冰上，由左足或右足内刃做原地向后蹬冰练习，蹬冰动作要与臀部和腰部的摆动协调配合，然后再练习向后双足滑行动作。双足平行站立，用左后内刃蹬冰，重心稍向右足移动，用腰部、臀部及两臂的摆动配合滑行，然后再用右后内刃蹬冰，做相反的动作向后做双足滑行。如此交替蹬冰和向后滑行，便形成了两条平行的曲线。

7. 单足蹬冰，单足向后滑行。准备姿势同单足蹬冰，双足曲线向后滑行，蹬冰方法和动作也完全相同，只是在完成蹬冰动作后，立即将身体重心移至滑行足，蹬冰足立即抬离冰面，放在滑足前方线痕之上，形成单足向后滑行动作，两臂在身体两侧协助保持平衡，两足交替上述动作，便形成单足交替蹬冰和滑行动作。

在练习时，两臂和臀部可以适当摆动，协助蹬冰和滑行动作，但不能过分扭动，破坏了正确姿势和身体平衡，蹬冰不能用刀齿。

8. 单足蹬冰，双足向后弧线滑行。左后外刃蹬冰后，双足靠近呈右外刃，左后内刃双足滑行，身体向右倾斜，右臂向右，左臂向左，左臂在前，头转向右后方。

用同样的方法，相反的动作和姿势，做右后内刃蹬冰，双足（右后内刃，左后外刃）向右后呈弧线滑行。

在练习时，首先要注意正确地蹬冰动作，不得用刀齿蹬冰。双足向后呈弧线滑行时，尽管是双足滑行，但重心主要应放在右后外刃（或左后外刃）滑足上，这样可以为单足向后弧线滑行，半圆弧线滑行及后交叉步滑行等动作打下良好基础。

9. 单足蹬冰，单足向后弧线滑行。用左后内刃蹬冰，并立即将身体重心放到右足后外刃上，形成右后外刃单足弧线滑行，此时，蹬冰足应尽快抬离冰面，放到滑足前滑线之上，右臂向后，左臂向前，头向右侧，滑腿微屈。用同样的方法，相反的动作和姿势，做右后内刃蹬冰，左后外刃弧线滑行。

也可以用在后内刃蹬冰，身体向左倾斜，右臂向后，左臂向前，形成右后内刃弧线滑行，蹬冰后蹬冰足应尽快抬离冰面，放到滑线之上滑足的前方。

用同样的方法，相反的动作和姿势，做右后内刃蹬冰，左后内刃弧线滑行。

在练习单足蹬冰，单足向后弧线滑行时，要特别注意蹬冰后，身体得以准确移动，要用冰刀的前半部做向后滑行动作，两臂的位置和浮足要协助保持身体平衡，开始练习时，身体倾斜不可过大，滑行线可不必太长，待基本掌握要领后，可以适当加大速度、身体倾斜角度和滑行长度。

10. 后交叉步滑行。左后内刃蹬冰，右后外刃滑行，然后将左足经右滑足前放到右足前外侧，呈左后内刃滑行，此时右足用外刃向侧方蹬冰，滑行中右臂向后，左臂在前，头转向右侧，保持始终，左右足交替滑行和蹬冰，便形成左后内—右后外交叉滑行。

用同样的方法，相反姿势做右后内—左后外交叉滑行。

在练习后交叉滑行时，上体应尽量保持直立后稍前倾，滑腿保持屈曲，蹬冰腿要充分伸直，如此动作反复，蹬冰腿与滑腿伸屈分明，节奏适宜，随着动作的逐步熟练，滑行速度和身体倾斜角度也会加大，要特别注意用刀刃蹬冰，才能获得足够的速度，身体过分前倾会导致刀齿蹬冰的错误。

在练习时要注意两个方向的后交叉滑行都要练。蹬冰与滑行的节奏可以有变化，例如一拍滑行，二拍蹬冰，二拍滑行等。在比较熟练后，可以两个方向结合进行练习，例如蛇形变换或 *8* 字开变换滑行方向。

11. 单足半圆弧线滑行。单足半圆弧线滑行不仅是锻炼身体协调和平衡能力的有效方法，而且是建立正确用刃意识的训练手段。由于滑行用足、用刃、方向和转体方法的不同，大致可分为四种单足半圆弧线滑行。

（*1*）前外刃半圆滑行。双足呈丁字型站立，右足尖向前，左足正对右足跟部，右肩在前，左肩在后，用左前内刃做蹬冰，用右足前外刃滑行，身体稍倾向圆内。在滑行中两臂带动两肩呈均匀转动，在滑至半圆的一半时（*1/4* 圆），两臂和两肩平放在身体两侧，浮足也由在身体后方移至滑足内侧。然后，左臂带动左肩向前，右臂带动右肩向后，滑足继续呈右前外刃滑行，浮足由内侧伸向滑足前方滑线之上，足尖向下，为下一半圆弧线滑行做好准备。

用同样方法，相反姿势和动作，做左前外刃半圆弧线滑行。

（*2*）前内刃半圆滑行。双足丁字形站立，左足尖向前，右足正对左足跟部，右肩在前，左肩向后，用右足内刃蹬冰，左足前内刃做弧线滑行，身体稍倾向圆内。在滑行中两臂带动两肩均匀缓慢转动，当滑至半圆的一半（1/4圆）时，两臂和双肩平放在身体两侧，浮足从身后滑线之上，逐渐向滑足靠近。然后，左臂带动左肩向前，右臂带动右肩向后，右浮足紧靠左滑足内侧移至前方滑线之上，足尖向下，为做下一个半圆弧线滑行做好准备。

用同样的方法，相反的姿势和动作，做内刃半圆滑行。

（3）后外刃半圆滑行。双足平行站立于冰面上，双肩双臂平放，面向滑行的半圆，用右足后内刃做蹬冰，两臂动作协调配合，主要是左臂用力向后滑行方向摆动。右臂在前，右浮足在完成蹬冰动作后尽快放在身前滑线之上。右足做后外刃弧线滑行。当滑至1/4圆时，两肩稍转动，浮足靠近滑足，头向圆内。然后，浮足经滑足内侧均匀地伸向后方滑线之上，上体姿势不变，为做右后外刃半圆滑行做好准备。

用同样方法，相反姿势和动作做右后外刃半圆滑行。

（4）后内刃半圆滑行。双足平放在冰面上，背向所滑半圆。两臂伸向身体两侧方，用右足做蹬冰，用左后内刃做弧线滑行，此时右臂在前，左臂左后滑行方向用力摆动，右足蹬冰后尽快放到身前滑线之上。滑至1/4圆时，上体姿势不变，浮足向滑足靠近，然后上体均匀缓慢转动，至左前右后，浮足向后伸至滑线之上，为做右后内刃半圆滑行做好准备。

用同样方法，相反姿势和动作，做右后内刃半圆滑行。

以上介绍的四种半圆滑行方法，尽管它们用刃、滑行方向和滑行方法不同，但它们有共同技术要领：蹬冰要有力，只能用刃蹬冰，不得用刀齿蹬冰。可以用两肩、两臂和臀部适当的摆动配合蹬冰动作，但不能过分。在滑行中应尽量保持身体直立，并稍倾向圆内。转头、转体、两臂的移动和浮足的移动应保持均匀速度，并且控制得好。浮足无论在身前、靠近滑足或身后都应尽量保持在滑线之上，身体重心应保持在滑足上，在滑行中应保持用刃纯正，尽量避免身体重心放到冰刀的后半部。向后滑行时重心应放到冰刀的前半部，只有这样才能保持滑行平稳匀速。

单足半圆滑行是花样滑冰最主要的基本滑行技术之一。初练时半圆的半径可以小些。伴随着技术进步，应适当放大圆的半径，一般认为半径为2.5~3.0米为宜。

学会半圆滑行并不难，但做到技术规范、滑行平稳、弧线均匀、姿势优美、动作自如就不容易了，所以必须经常反复练习，以求完美。

12. 急停动作。急停是在练习和表演中经常做的动作，大体可以分为双足急停和单足急停两大类。

（1）双足急停。双足急停因滑行方向，用刃和方法的不同分为若干种急停动作。

①双足向前内刃急停：在滑行时，突然将足尖靠近，足跟分开，身体重心后移，两腿微屈，双膝靠近，形成用双足冰刀内刃向前刮阔气动作。

②双足向后内刃急停：在向后滑行时，突然将双足尖分开，足跟靠近，双腿伸直，身体稍向前倾，形成用双足内刃向后刮冰的急停动作。

③双足向左（右）急停：在向前滑行时，身体突然向右转体90度角，双腿微屈，身体向右后倾斜，用左足内刃及右足外刃同时向滑行方向刮冰做急停动作。

用相同的方法，相反的姿势和动作，做双足向右急停。

（2）单足急停。单足急停也可以因用刃、滑行方向和方法的不同分为若干种急停动作。

①单足前外刃急停：在向前滑行时，突然用左足前外刃做横向刮冰急停动作，身体应后倾，右足抬离冰面。

用同样的方法，相反的动作和姿势做右足前外刃急停。

②单足前内刃急停：向前滑行时，突然用右足前内刃做横向刮冰急停动作，身体后倾，右足抬离冰面。

用同样的方法，相反的动作和姿势做右足前内刃单足急停动作。

③单足后内刃急停：在向后滑行时，突然用左足后内刃做横向刮冰急停动作，身体向前倾，右足在身前抬离冰面。

用同样的方法，相反的姿势，做右后内刃急停动作。

所有急停动作除在练习中出现危险情况做为紧急处理手段，可避免不必要的外伤外，在一套表演节目告一段落时，也可以用急停动作的风格。

在练习中，应掌握多方向、多种用刀和多种方法的急停动作。在做急停动作表演时，上体、两臂和浮足可配合不同的舞蹈姿势或动作。

4．短道速滑

简　介

短道速滑是在室内冰球场进行的速度滑冰比赛，是速度滑冰发展演变的分支，但已自成独立的竞赛项目。1988 年第 15 届冬季奥运会列为表演项目，1992 年第 16 届冬季奥运会列为正式比赛项目。短跑道速度滑冰源于北美的加拿大和美国。1905 年加拿大首次举行全国锦标赛，次年美国也举行了全国比赛，后来又多次举行两国间的比赛，并逐渐传入欧洲和日本等。

国际滑冰联盟于 1978～1980 年试举办了 3 次国际锦标赛，取得了较好的成绩，于 1981 年在法国的麦顿举办第 1 届世界短跑道速滑锦标赛，以后每年举办一届。短跑道速滑比赛的项目通常是：男、女的单项均为 500 米、1000 米、1500 米、3000 米，另有男子 5000 米接力和女子 3000 米接力比赛。1992 年第 16 届冬季奥运会列为正式比赛的项目，男子为 1000 米和 5000 米接力，女子是 500 米和 3000 米接力。比赛时运动员必须头戴护盔，手戴防护手套，身穿长袖连身服，冰刀后跟必须呈圆弧形。

场地设施

短跑道速度滑冰比赛一般均在室内冰球场上进行，使用椭圆形、周长为 111.12 米的跑道，直道长 28.855 米，直道宽不少于 5.71 米，弯道半径为 8 米，弯道弧顶标志物到界墙的距离不少于 4 米。

冰鞋冰刀

短跑道速滑冰刀的特点是刀身短、刀刃底部有弧度，与冰面接触面积很小，便于在弯道时滑弧线前进。冰刀的刀身较高，在冰刀倾斜度很大时冰鞋也不会接触冰面。现代高级专用短跑道速滑刀的刀托不是圆桶式，而是可移动的板式，运动员可随时根据比赛项目或个人习惯将刀管刀刃向左或向右调整到适合自己需要的位置。

规　则

比赛场地面积为 *30 米 60 米*，跑道每圈周长 *111.12 米*，比赛采用分组预赛、次赛、复赛、决赛的淘汰制，抽签决定道次。比赛出发时，多名运动员在一条起跑线上同时起跑，滑行过程可以随时超越对手。运动员必须戴防护头盔和防护手套，身穿防切割服参加比赛。短道速滑 *1980 年*首次出现在冬奥会上，当时为表演项目。*1992 年*阿尔贝维尔冬奥会被列为正式比赛项目，设男子 *1000 米*、女子 *500 米*和男女接力四项。*1994 年*利勒哈默尔增加到男女 *500 米*、*1000 米*和男女接力六项。*2002 年*盐湖城冬奥会又增加了男女 *1500 米*，短道速滑已经增加到了八个比赛项目。

短道速滑比赛由每组 4 名选手（有时 5 人或 6 人）进行比赛，集体出发沿逆时针绕圈滑行。这是一项多轮淘汰赛，每次比赛的前两名晋级下一轮，直至决赛。短道速滑比赛中超越非常困难。超越通常发生在直道的外道，如果领先者留下很大的空隙，也可能在弯道的内道完成。比赛中经常会出现摔跤现象，结果可能导致相当数量的申诉和取消资格。接力比赛由四名队员按预先确定的顺序依次完成，每一棒要滑一圈半或者两圈。接力交接棒由一名队员推动另一名队员完成。在队友滑行过程中，其余三名队员在赛道的内部等待。

短道速滑技术口诀

直道滑行

1. 身体基本姿势（流线型蹲屈势）。

弓背抬头两肩平，肩背稍高于臀部。

髋膝踝角要锁住：*45*、*90*、*50* 度。

两眼前看 *30 米*，鼻膝脚刀同轴线。

上体脊柱不扭曲，蹬冰高低不变动。

躯干两臂背放松，重心落在偏后部。

左手轻握右手腕，放在中线腰下部。

2. 蹬冰（蹬冰阶段：形成蹬冰角 42°～50°，体重到位，至蹬冰腿，冰刀抬离冰面止）。

蹬冰分为三阶段：开始最大和结束。

开始膝关节前压，踝关角度略缩小。

等到最适蹬冰角，首先迅速伸展膝。

伸膝带动髋和踝，展髋伸髋伸膝踝。

膝关角度看赛距，赛距越短越弯曲。

蹬冰角度视速度，平均摆幅 53 度（下刀 105°结束 42°）。

内刃中部咬冰面，蹬冰方向为垂进。

平稳有力渐加速，极点呈现爆发力。

慢实快、柔挤爆，先移体重后蹬冰。

蹬冰时机掌握好，最用力时刀着冰。

蹬冰结束膝伸直，刀冰平行刀尖起。

3. 收腿（收腿阶段：蹬冰结束，冰刀抬离冰面起，将腿收至后位某一点止）。

髋为轴，膝领先，自然回摆至腿后：

大腿冰刀要垂直，小腿与冰面平行。

收腿目的有五个：

放松肌肉；调平衡；加速惯性移重心；

承蹬（冰）启下（刀）调频率；协调配合助蹬冰。

收腿技术六要点：

积极迅速要流畅；准确到位走捷径；

自然放松要利索；摆动收腿内转膝；

收腿移体要统一；冰刀尽可能要低。

4. 下刀（下刀阶段：收腿动作结束＜腿在后位某一点＞，至冰刀触及冰面止）。

下刀作用有四个：

协调蹬冰；建平衡；确定方向；调时机。

下刀分为两阶段：向前摆腿和着冰。

向前摆腿要提拉，屈髋大腿带小腿。

浮腿控制于胸下，臀部放松膝朝前。

腿向前摆要加速，展膝前踢刀前送。

踝背略屈略外偏，积极下落刀尖起。

精力聚焦着冰点：

蹬角最小再下刀，最用力时刀着冰。

下刀角度按需要，下刀方向随重心。

着冰位置前内侧，尽量靠近支撑腿。

后部外刃着冰面，连贯自然要稳定。

下刀着冰一刹那，咬住冰面顶膝盖。

迅速全部移重心，开始身体略压低。

顶膝聚焦刀外刃，前顶外展用合力。

易犯错误有四个：

上体扭转踝外转；刀尖触冰位偏后；

下刀停顿和等待；侧跨、下切、开角大。

5. 单脚支撑自由滑（单脚支撑自由滑阶段：蹬冰、下刀结束，全部体重移到支撑腿＜含收腿全阶段＞，至再次蹬冰、下刀前止）。

单脚滑行三目的：向前冲滑增惯性；

全面调整作休息；维持平衡利蹬冰。

动作分为三阶段：外刃、平刃和内刃。

蹬冰用力下外刃，顶膝重心略压低；

随着收腿和摆臂，改为平刃稳重心；

体重回移拟下刀，再用内刃压重心。

外刃重心在后部，感觉脚趾向上起；

平刃内刃在中部，一边滚动一边移。

滚刃腿髋要配合，积极压腿臀同移。

重心外移要迅速，切忌带水又拖泥。

重心回移把时机，太早太晚都不行：

太早滑行时间短，浮腿不能得休息。

重心可能提前落，内刃前滑易懈力；

太晚滑速要减慢，错过蹬冰最佳期。

滑行尽量用平刃，时间节奏随心意。
尽力支撑视情况，根据战术把时机。
变刃摆动幅度大，收缩成团求稳定。
变刃重心在中部，眼睛控头头控体。
头肩体臀成整体，共轴水平左右移。
身体上下不起伏，脊柱左右不扭曲。
目视前方走直线，轨迹尽量不弯曲。
浮腿膝盖要低垂，有效放松得休息。
重心移到浮腿时，结束滑行拟蹬冰。

6. 摆臂。

摆臂作用有四个：

提频、提速、助平衡；有效压迫移重心；
增加蹬冰爆发力；节奏准确又清晰。
摆臂滑行同方向，前摆颌下后摆平。
避免侧摆幅度大，身臂夹角40度。
摆臂蹬冰同节奏，先慢后快同始终。
摆臂领先于两腿，高速运动才同步。
开始蹬冰控摆速，手臂自然往下落。
最大蹬冰再用力，蹬冰摆臂同加速。
摆至前后最高点，蹬冰结束刀着冰。
摆臂服从于两腿，保持节奏和匀速。
前摆屈肘向侧压，不要超过纵轴线。
摆臂要视情况定，摆单摆双可不摆。
摆幅力量和速度，取决战术和腿部。
起速抢滑摆幅小，蹬距越大越伸展。
摆臂自然要放松，避免起伏和扭动。

7. 直道配合。

（1）两腿。

两腿动作要流畅，蹬收摆下不停顿。
动作时机掌握好，配合自然要放松。

（2）腿体。

蹬冰最大用力前，重心不离蹬冰腿。

随着蹬冰和收腿，重心横向作移动。

移动明显要准确，臀部躯干成整体。

移动发力在髋部，积极快速要主动。

基本体位不能变，臀部躯干同摆动。

无论下刀怎么变，上体平行走直线。

弯道滑行

1. 身体基本姿势。

身向圆心内倾斜，蹬冰角在 3、4 间（30°～40°）。

上体前倾头抬起，鼻膝脚刀同轴线。

颈部不扭头不动，眼睛前看约 10 米。

臀部一定要稳定，头肩体臀成整体。

左腿蹬冰内收髋，顶膝屁股坐圆心。

右肩下压双肩平，髋膝踝关保持屈。

右臂摆，左臂垂，冰刀中部承重心。

常犯错误有两个：头肩内转臀外调，

右肩抬高左肩低。

2. 蹬冰（蹬冰阶段：身体重心投影点移到身体左侧＜两腿蹬冰角均保持在 30°—40°＞，至蹬冰腿冰刀抬离冰面止）。

右腿蹬冰伸展髋，髋膝为主踝为辅。

左腿伸髋内收髋，收髋伸膝髋为主。

左外（刃）右内（刃）右蹬冰，蹬角小于 40 度。

交替连续快频率，边蹬边沿弧线走。

蹬冰最大用力前，身体压住蹬冰腿。

右肩下压左肩提，膝盖尽量向前弓。

浮腿控制于胸下，等待最大爆发力。

左腿蹬冰长而实，左臂明显低右臂。

伸髋膝踝挤送蹬，左腿蹬冰要前送。

蹬幅适当要缩小，髋膝伸展留余地。

常犯错误有两个：蹬角过大加侧跨，

重心偏前后蹬冰。

3. 收腿（收腿阶段：蹬冰结束，冰刀抬离冰面起，至将浮腿收至支撑腿左侧某一点止）。

收腿目的同直道：平衡、放松、助蹬冰。

承蹬（冰）启下（刀）要连贯，避免停顿和等待。

两腿动作不一致，右腿下压左提拉。

（1）右腿。

右腿内收踝为辅，膝关领先屈髋膝。

发力大腿带小腿，有力摆动向左挤。

跨过左腿和左刀，冰刀贴冰左平移。

刚一跨过就定位，左侧稍前两刀近。

小腿不要前摆跨，刀跟接近左刀尖。

右腿压收很关键，剪切内压要积极。

常犯错误有四个：重心上下有起伏；

向上提拉跨步大；脚跟过于向后磕；

蹬冰（即下刀）角度起变化。

（2）左腿。

左髋外展屈髋膝，膝关领先踝背屈。

冰刀尽量贴冰面，腿向左上做拉提。

怎么蹬出怎么拉，踝部放松走捷径。

膝盖要向前胸顶，大腿尽量往上提。

经过右脚刀跟时，脚尖抬起刀冰平。

拉至左侧适宜位，控制斜面两刀近。

常犯错误有四个：大腿内旋踝紧张；

冰刀与冰面垂直；臀部上翘或外调；

刀尖碰刀或点冰。

4. 下刀（弯道滑行的下刀，只是冰刀着冰的瞬间动作）。

右脚踝关作背屈，内刃后部轻着冰。

左脚踝关作背屈，刀尖稍稍向上起；

踝关内旋稍前送，外刃后部轻着冰。

下刀方向走切线，出刀角度要合理。

最大用力刀着冰，着冰同时要顶膝。

顶膝服从腿斜面，顶膝同时展（左腿）压（右腿）膝。

左刀下落要平滑，融洽顺畅无杂音。

下刀位置前内侧，两刀尽量要靠近。

常犯错误有八个：刀尖下刀位偏后；

左脚不敢用外刃；下刀两刀相距远；

倾角不够反支撑；上体左转髋外旋；

左腿膝盖往里收；膝臀不顶滑速慢；

小腿垂直立于冰。

5. 滑行。

（1）左脚（左脚支撑滑阶段：右腿蹬冰、左腿下刀结束，至右腿收到左前侧位点＜含收腿全阶段＞，准备再次蹬冰，下刀前止）。

重心后部移中部，全部外刃压重心。

随着右腿向左压，身体持续向左倾。

（2）右脚（右脚支撑滑阶段：左腿蹬冰、右腿下刀结束，至左腿收到左前位点＜含收腿全阶段＞，准备再次蹬冰、下刀前止）。

身体重心后移中，踩住内刃体左倾。

6. 摆臂。

弯道摆臂单为主，肩部两臂要放松。

右臂摆幅同直道，前后方向稍向侧。

手沿滑行弧线伸，头手臂膝一条线。

关节屈伸前后摆，肩关为辅肘为主。

左臂微屈自然垂，手指摸冰随滑动。

常犯错误有四个：僵硬机械不协调；

紧张停顿不连贯；上体起伏肩扭转；

右臂横向作摆动。

7. 弯道配合。

（1）两腿。

一腿蹬冰一腿收，下刀最大用力后。
收腿下刀不停顿，着冰即是始蹬冰。
蹬收下滑配合好，速度节奏要一致。
左腿关键在下刀，右腿关键在压收。
身体重心别起伏，保持平衡和稳定。
常犯错误有三个：倾斜角度不合理；
为了扣圈而扣圈；下刀早即晚蹬冰。

（2）腿体。

随着右腿向左压，身体持续向左倾。
蹬收下滑按要领，收腿加速移重心。
一边移动一边挤，髋部发力向左顶。
进入弯道不减速，出弯道时要加力。
无论腿部怎么变，腿体始终同斜面。

（3）臂腿。

动作节奏要一致，摆臂蹬冰同结束。
开始摆臂稍控制，先慢后快同始终。
摆臂动作要连贯，前后高处稍停顿。
摆至前后最高时，蹬冰结束刀着冰。
摆臂服从于两腿，调节配合腿频率。
常犯错误要注意：快摆慢蹬乱节奏。

起跑（点冰式）

起跑动作三阶段：预备、起动、疾加速。

1. 预备。

预备姿势创条件，快速起动做准备。
听到就位口令后，顺序滑至预备线。
开腿直立刀平行，刀线夹角45度。
两臂下垂体静止，冰刀内刃咬冰面。
预备口令下达后，迅速接近起跑线。
前脚抬跟立刀尖，线的后沿点住冰。
刀尖外刃向外顶，刀线夹角要适宜。

后刃中内切冰面，刀与起线近平行。
身体慢慢往下蹲，两脚中前承重心。
两腿间距同肩宽，前臂屈肘自然垂。
后臂肩关节外展，适度屈肘侧抬起。
眼向滑跑方向看，刀体静止要稳定。
技术动作两要点：
身体重心稍偏前，蹲屈角度要适宜。
蹲姿过高蹬无力，姿势过低慢频率。
常见错误有三个：
后腿刀线角度大，刀尖蹬冰或脱滑；
两腿站立位过宽，蹬伸动作易脱节；
过分屈髋体偏前，身体不稳易犯规。

2. 起动（起跑第一步）。

起跑关键在起动，瞬间达到高速度。
枪响重心向前移，三组动作同发力。
后腿利用刀内刃，快速用力后蹬伸；
前点冰腿速抬离，展髋踝关节外旋；
后臂屈肘速前摆，前臂快速向后摆。
技术要点有五个：
身体形成前倾角，点冰前面落重心；
前腿原地外旋展，一般不需向前跨；
利用快速臂摆动，带动调节蹬伸速；
后腿蹬伸前腿转，两腿动作要同步；
前腿外旋角要大，有利充分后蹬伸。
常见错误有两个：
后腿先蹬不展髋，造成前腿旋角小；
前腿过高跨步大，造成后仰或后坐。

3. 疾跑（踏切式）。
疾跑任务有两个：
为接滑跑打基础；最短时间获高速。

踏切疾跑距离短，前刀起共落八步。

两腿连续快蹬收，两臂配合作摆动。

冰刀前部接冰面，过渡中部再蹬冰。

保持两刀大开角，身体持续向前倾。

技术要点有六个：

前面几步间距短，提速以后渐加大；

开始阶段后蹬冰，提速以后渐侧蹬；

左右不摆走直线，身体重心要稳定；

随着疾跑近滑跑，重心由高渐降低；

短促有力快连惯；两臂摆动调频率。

常犯错误有两个：

身体前倾幅度小，形成起伏"跳动式"；

频率太慢不连贯，动作变形蹬无力。

实用战术

刀光寒影惊魂魄，悲欢悔恨一瞬间。

狭路相逢勇者胜，云谲波诡智者生。

1. 直弯道配合（正常标准滑跑频率）。

正常一圈十四刀，弯八直六各对半。

起跑入弯就调整，入弯左脚第一刀。

第一直线先出左，三刀距离计划好。

第二弯道先下右，出弯应该出左刀。

第二直线正相反，右脚前出第一刀。

直道弯道同频率，弯道步速同直道。

2. 弯道滑弧（当进入弯道身体倾斜时，以调整、连接和过渡为目的时使用）。

基本作用有四个：

根据战术调体位；控制平衡利加速；

摆脱困境待时机；扣弯克服离心力。

技术特点有四个：

小范围内转方向；动作结构幅度小；

技术简单易掌握；积蓄能量省体力。

进入弯道体左倾，充分借用惯性力。

姿势同于交叉步，重心位于两腿间。

中部承重两刀平，左外（刃）右内（刃）同滑行。

随着加速弧缩小，重心迅速向后移。

倾斜越大弧越小，后移幅度也越大。

冰刀跟部作划弧，伸膝转踝内扣蹬。

有时需要单划弧，身体姿势略降低。

体重移到刀跟时，重心同时转右腿。

左腿抬膝微提刀，外刃着冰调平衡。

克服向外离心力，同时也要用力蹬。

判明情况时机显，迅速起速或超越。

弯道滑弧应稳定，不能产生前冲力。

3. 弯道折线滑跑（当进入弯道身体倾斜时，因前面或侧面有人而不能大幅压步滑跑和滑弧时使用）。

左外（刃）右内（刃）近平行，与切线成30度。

左脚前于右半刀，身体处于两腿间。

小幅高频快蹬冰，两刀轨迹成折线。

髋膝踝关要伸展，重心落在中后部。

控制向左倾斜度，向前冲滑保滑速。

4. 单脚支撑压弧滑（高速转弯时使用）。

右腿滑近转弯点，迅速变刃向左压。

身体姿势略下降，髋部发力体左倾。

左腿收控于胸下，刀尖抬起踝外偏。

刀沿切线方向下，外刃后部轻着冰。

落点即是支撑点，落刀瞬间就变刃。

臂膝脚刀共斜面，刀体同步向左倾。

左臂下垂手摸冰，顶膝屁股坐圆心。

右腿迅速向左跨，剪式交叉狠挤压。

下刀两刀要接近，尽量靠近支撑点。

内刃中部咬冰面，腿体与刀同斜面。

下刀方向指弧线，边滑边扣弧线走。

髋膝踝角要锁住，身体尽量向前倾。

眼向直道方向看，头颈不偏两肩平。

右刀落下就承重，体重瞬间作转移。

左腿暂时不要收，自然抬起不后蹬。

膝盖低垂抬小腿，刀尖朝下踝放松。

右臂向后稍向侧，配合身体求稳定。

滑行距离视速度，一般单刀切全弧。

接近直线回重心，身体向右向后收。

右膝小腿向外展，姿势稍微往上起。

左腿迅速往回拉，膝盖尽量顶前胸。

拉至右刀刀跟时，屈踝抬刀刀冰平。

右脚刀跟承重时，左脚下刀右脚蹬。

两臂发力前后摆，衔接直道向前冲。

关键技术八要点：

左刀过渡要平稳，持续倾斜送到位；

左刀落下就定住，不要侧蹬和前送；

右腿减压要积极，同步倾斜两刀近；

左膝顶压换右腿，重心交接要稳定；

右刀内刃要扣死，重心压低紧贴冰；

左腿回拉抬脚尖，屈踝一定要到位；

出弯道时要弹出，充分利用离心力；

冰刀磨成陡弧形，大弧扣圈较省力。

常犯错误有四个：

身体左倾不到位；左刀过渡不变刃；

头肩外转臀上翘；收左腿时刀触冰。

5. 途中冲刺（在全程某一段所采用的合理动作）。

途中冲刺视战术，一般用在中长距。

决定因素是体力，关键时刻起作用。

滑行途中探对手，心理、实力和体力。

抓住时机换节奏，突然加速变频率。

冲刺距离视情况，依据战术需要定。

6. 超越（取得好名次，创最佳成绩的首要因素）。

常见超越两位置，入弯道和出弯时。

入弯超越视速度，一般线右 2 米处。

速快离弧线稍远，速慢贴弧猛加速。

由于倾角难掌握，出弯道时常甩出。

紧跟其后择时机，出弯超越划弧后。

超越意识要强烈，勇敢果断加灵敏。

超越不仅要技术，心理、体能要综合。

创造时机和等待，选位择时看掌握。

可超空间和我位，两位缺一都不可。

领先思想要集中，动作不能有闪失；

正确判断堵漏洞，集中精力不疏忽。

落后不轻言放弃，创造机会要积极；

运用战术和变化，迫使对手乱阵脚。

7. 入弯内道强行超越。

弯前提速向左切，左刀滑近转弯点。

看准机会向右插，蹬、下、顶（髋）、摆同发力。

右脚屈踝略外偏，后部外刃着冰面。

落刀同时就变刃，外翻内扣一瞬间。

左腿迅速收到位，压膝抬刀贴右腿。

上体前倾臀下坐，重心迅速往回移。

左手摸冰作保护，单腿压弧前滑行。

技术动作三要点：

战术判断要准确，一刀到位不犯规；

蹬前姿势略压低，瞬间呈现爆发力；

刀落身体即左倾，重心压低紧贴冰。

8. 冲刺撞线（最后一个技术动作）。

蜂拥而至近终点，冲刺撞线是关键。

准备、腾起和出刀，撞线技术三环节。

滑出最后弯道时，5 米之前做准备。

找到最适起跳脚，调整步伐到单腿。

浮腿加速向前摆，屈膝下压支撑腿。

爆发蹬冰体腾起，使出全力摆双臂。

两腿前送前展腹，迅速伸膝刀前送。

短道速滑运动员技术等级标准

国际级运动健将

凡符合下列条件之一者，可申请授予国际级运动健将称号。

1. 冬季奥运会个人项目前八名，接力前四名。

2. 世界锦标赛个人项目前六名，接力前三名；世界团体锦标赛前三名。

3. 世界杯（总成绩）个人项目前六名，接力前三名。

运动健将

在国家体育总局举办或经国家体育总局批准的全国性比赛中，达到成绩标准者。

一级运动员

在省级以上比赛（包括综合运动会、单项成人比赛和青少年比赛）中，个人全能进入参赛人数二分之一名次，并达到成绩标准者。

二级运动员

在市级以上比赛（包括综合运动会、单项成人比赛和青少年比赛）中，单项进人参赛人数二分之一名次，并达到成绩标准者。

三级运动员

在市级以上比赛（包括综合运动会、单项成人比赛和青少年比赛）中，达到成绩标准者。

少年级运动员

在市级以上少年比赛中，达到成绩标准者。

第二章

滑雪运动的竞赛与裁判

1. 滑雪运动概述

滑雪简介

滑雪运动从历史沿革角度可划分为古代滑雪、近代滑雪、现代滑雪；从滑行的条件和参与的目的可分为实用类滑雪、竞技类滑雪和旅游类（娱乐、健身）滑雪。实用滑雪用于林业、边防、狩猎、交通等领域，现已多被机械设备所替代，逐渐失去昔日的应用价值。竞技滑雪是将滑雪升华为在特定的环境条件下，运用比赛的功能，达到竞赛的目的。娱乐健身（旅游）滑雪是适应现代人们生活、文化需求而发展起来的大众性滑雪。

以上三类滑雪运动，从其所要求的器材、场地、设备及运动技术的形式来看，要达到的目的虽基本雷同，但作用和其他一些方面还是有很大差异。下面重点谈谈竞技滑雪和旅游滑雪的特色。

滑雪运动（特别是现代竞技滑雪）发展到当今，项目不断在增多，领域不断在扩展，目前世界比赛正规的大项目分为：高山滑雪、北欧滑雪（越野滑雪、跳台滑雪）、自由式滑雪、冬季两项滑雪、雪上滑板滑雪等。每大项又分众多小项，全国比赛、冬奥会中几十枚耀眼的金牌激励人们去拼搏、去分享。纯竞技滑雪具有鲜明的竞争性、专项性，相关条件要求严格，非一般人所能具备和适应。旅游滑雪是出于娱乐、健身的目的，受人为因素制约程度很轻，男女老幼均可在雪场上轻松、愉快地滑行，饱享滑雪运动的无穷乐趣。由于高山滑雪具有惊险、优美、自如、动感强、魅力大、可参与面广的特点，故高山滑雪被人们视为滑雪运动的精华和象征，更是旅游滑雪的首选和主体项目。通常情况下，评估人们滑雪技术水平的高低，多以高山滑雪为标准。

近期出现的旅游滑雪项目还有单板滑雪、超短板滑雪、越野滑雪等。其中越野滑雪是在低山丘岭地带（平地、下坡、上坡各约占 1/3）长距离滑行，虽然远不如高山滑雪的乐趣和魅力，但从安全和健身角度而言，更具有广泛的参与性。超短板滑雪、单板滑雪（双脚同踏一只宽大的雪板）比高山滑雪更具有刺激性，技术更灵活，在中国尚未普遍开展。

高山滑雪的规范竞赛项目有：滑降、超级大回转、大回转、回转、全能等。高山滑雪的技术种类很多，如不同的滑降技术，多变的转弯技术，应急的加速、减速、停止技术，惊险的跳跃技术及特殊技术等。一般初学者应根据自身的体育素质、年龄、滑雪基础、场地条件，可投入的时间等因素，选取滑雪入门的最优方案。初学者切忌：求急、随意、莽撞。因滑雪运动是在滑动中操纵技术，重心不易控制，易形成错误动作，故应在入门的第一天起，就应在专业技术人员严格指导下，在姿势、要领、动作方面做到三正确，从练习基本动作起步，扎实掌握技术功底，为以后的提高奠定基础。要高度认识到滑雪错误的姿势和技术一旦形成，极难纠正，会留下深深的遗憾。

滑雪历史

早在几千年前，当人们的生产条件还很落后的时候，人类为了在恶劣的自然环境中生存，发明了可以代替行走的滑雪板，它的应用使得人们可以在浩瀚的森林中驰骋追寻猎物。

滑雪运动起源并发展于斯堪的纳维亚国家（北欧大半岛，包括挪威和瑞典两个国家。长约 1850 公里。北起巴伦支海，东临波罗的海，南临卡特加特海峡和斯卡格拉克湾，西傍挪威海和北海。面积 750000 平方公里。主要为块状山构成，为古波罗的地盾的一部分。欧洲最大的半岛，世界第五大半岛。在巴伦支海、挪威海、北海和波罗的海之间，东北部与大陆相连，其间没有明显的自然界线。南北长 1850 千米，东西宽 400～700 千米，面积约 75 万平方千米。半岛有挪威、瑞典两国以及芬兰北端的一小部分。人口约 1200 余万）。回转也是一个挪威词，意思是在倾斜的路面上滑行。

国际滑雪联合会成立于 1924 年，北欧滑雪项目列入于 1924 年。

在法国沙莫尼举行的第一届冬季奥运会。在世界滑雪运动中居领先地位的国家有斯堪的纳维亚各国，如挪威，瑞典，芬兰，还有西欧的阿尔卑斯山脉周围的国家，法国，意大利，奥地利，德国，以及美国，俄罗斯等，一般说来，斯堪的纳维亚国家在北欧滑雪项目上占优势，阿尔卑斯山脉国家高山滑雪项目上占优势。

高山滑雪

奥运会高山滑雪

奥运会高山滑雪设 10 小项，男女各五项。男子项目设：滑降、回转、大回转、超级大回转、全能（滑降/回转）；女子项目设：滑降、回转、大回转、超级大回转、全能（滑降/回转）。该项运动将速度与技巧完美地结合在一起，运动员在滑行过程中左右盘旋，将健美与优雅融于一体，粗犷中不失儒雅，所以，一直深受广大观众的欢迎。

项目简介

高山滑雪起源于阿尔卑斯山地域，又称"阿尔卑斯滑雪"或"山地滑雪"。

特定的地理环境产生特定的求生方式，经常处于冰天雪地的北欧早在五千多年前就已经开始有滑雪运动了。与其他起源于欧洲的冰上运动类似，它也是由原始狩猎演变而来并逐渐成为一种交通方式在北欧流行开来。今天能见到的最早的滑雪板现保存于"滑雪运动之都"挪威奥斯陆，那里陈列着一些 1500 年前的滑雪板。随着滑雪运动的更大普及，北欧人不满足于只在平地上进行雪野角逐，他们的兴趣从平地越野速滑转向地形复杂的高山丛林间。

英国人阿诺德·卢恩爵士和奥地利人海因斯·施奈德发明了现代高山滑雪比赛。1922 年，卢恩在瑞士的慕伦组织了历史上最早的一次高山滑雪比赛。

高山滑雪项目立足奥运会是从 1936 年开始的，当时只有男女快速降下和回转障碍降下两项。从 1952 年开始，高山滑雪才固定为三个比赛项目：大回转障碍降下、回转障碍降下和快速降下。其线路的长度、高度差，以及检查门数都是不固定的，以后逐渐发展到目前的十个竞赛项目。

奥地利一直是冬奥会高山滑雪项目的最大赢家，总共获得 77 块奖牌。

高山滑雪主要分速度系列和技术系列两部分。

速度系列分速降和超级大回转。比赛按一次滑行成绩决出名次。滑降道落差最大，距离也最长，最高时速达 130 公里。超级大回转由于旗门数较多，速度稍慢。

技术系列分大回转和回转。名次按两次成绩合计计算。大回转距离是回转的两倍以上，对速度和技术都有要求。回转旗门数男子为 55 至 75，女子为 45 至 65。

此外，高山滑雪还有速降和回转两项综合赛。

高山滑雪比赛均在海拔 1000 米以上的高山进行。比赛要求起点和终点的垂直高度为 800 ~ 1000 米。

该项运动是速度和技巧的结合，运动员在滑行过程中左右盘旋，非常精彩。所以，深受广大观众的欢迎。

越野滑雪

越野滑雪借助滑雪用具，运用登山、滑降、转弯、滑行等基本技术，滑行于山丘雪原的运动项目。起源于北欧，又称北欧滑雪，是世界运动史上最古老的运动项目之一。1924 年首次列入冬季奥运会比赛项目。比赛有男子 15 千米、30 千米、50 千米单项和团体接力比赛；女子有 5 千米、10 千米、20 千米单项及团体接力比赛。比赛线路是上坡、下坡和平地各约占 1/3。为有利于发挥速度，应避免坡度过长、过陡和急转弯地段。运动员按赛前抽签决定的顺序佩带号码布，着经裁判检查认可并打有标记的滑雪板。

单项比赛采用间隔单人出发。除雪板前部和雪杖外，双脚位置不得超过起点线。比赛名次根据运动员按规则滑完全程所用的时间确定。运动员到达终点时至少有一只脚穿带有标记的滑雪板，否则成绩无效。除按单项比赛规则进行外，在每一站设以终点线为基点，前后各延长 15 米的接力区。交接时上一站队员必须在接力区内用手触及下一站队员的身体任何部分方可完成交接。

跳台滑雪

简 介

跳台滑雪是滑雪运动项目之一。跳台滑雪利用自然山形建成的跳台进行。脚着专用滑雪板，不借助任何外力，从起滑台起滑，在助滑道上获得高速度，于台端飞出后，身体前倾与滑雪板成锐角，沿抛物线在空中飞行，在着陆坡着陆后，继续滑行至停止区停止。

跳雪运动是起源于挪威，相传，古时的挪威统治者想出一种处罚犯人的刑法，就是把犯人两脚各缚一块雪板，从有雪的高山往下推，让他自行滑下，当通过断崖的凸处时，身体就会抛向空中，再落在山下后摔死。后来，这种跳下滑雪的动作就逐渐地演变成现代的跳雪运动。

跳台滑雪运动由于跳台助滑道的角度及起跳端的仰起角度等不同，加上气温、温度、风向、风力及雪质等自然条件的差异，跳雪的性能也就随之变化。因此，跳雪比赛只有最好成绩，而没有世界纪录。

发展历程

源于挪威，1860 年挪威德拉门地区的两位农民在奥斯陆举行的首届全国滑雪比赛上表演了跳台飞跃动作，后逐渐成为一个独立项目并得到广泛开展。1879 年在奥斯陆举行了首届跳台滑雪比赛。1883 年被列入霍尔门科伦滑雪大奖赛。19 世纪末，先后传入瑞典、瑞士、美国、法国、意大利和波兰等国家。初期的跳台滑雪利用山坡等自然地形进行，19 世纪 80 年代开始出现土木结构的跳台。随着空中滑翔技术的提高，新的跳台设计也不断出现。1926 年瑞士在格劳宾登州的蓬特雷西纳建成 60 米级跳台。1927 年又在圣莫里茨建成 70 米级跳台。1925 年起举办世界跳台滑雪锦标赛。跳台由助滑坡、着陆坡、停止区组成。

比赛时每个国家单项限报 4 人，团体限报一个队 4 名运动员。以姿势分和距离分计算总成绩。姿势分由 5 位裁判根据运动员完成动作的准确性、完美性、稳定性以及整体稳定性打分，去掉最高分和最低分后，将剩下的 3 个分数相加，最高分为 60 分。距离分要根据 K 点距离确定每米分值，运动员的跳跃距离达到 K 点距离为 60 分，短于 K 点距离，将所短距离乘以每米分值，再从 60 分中减去，超过 K 点距离，将所超距离乘以每米分值，然后加上 60 分。两次比赛的姿势分与距离分之和为运动员的总分，得分多者名次列前。团体赛以各队 4 名运动员两次比赛所得分相加，得分多者名次列前。1924 年被列为首届冬奥会比赛项目，现设 90 米级（原为 70 米级）、120 米级（原为 90 米级）和团体 3 个男子项目。

单板滑雪

单板滑雪简介

单板滑雪又称滑板滑雪。源于 20 世纪 60 年代中期的美国，其产生与冲浪运动有关。舍曼·波潘于 1965 年把两个滑雪板绑在一起，偶然中就创造了两脚踩踏在一整块板上的新"滑雪板"，单板滑雪又称冬季的冲浪运动，单板滑雪选手用一个滑雪板而不是一双滑雪板，利用身体和双脚来控制方向。进入 80 年代，滑板滑雪开始风靡美国，之后又传到欧洲。1982 年举行了美国全国锦标赛，1983 年举行了首届世界锦标赛，1990 年成立国际滑板滑雪联合会，1994 年国际滑联将滑板滑雪定为冬奥会正式项目，1998 年日本长野冬奥会首次举行了滑板滑雪比赛。

场地长 936 米，平均坡度 18.21 度，坡高 290 米。高度差为 120 ~ 200 米，三角旗门交替放置在左右，约有 25 个旗门，旗门间距至少 8 米。起点旗门（高 1.10 米，底座宽 1.30 米）的两个立柱高度不同，中间有一面三角旗。比赛开始时，出发门自动开启，两名选手同时出发。选手穿越旗门瞬间，把压力集中在脚尖上，胸部向前挺穿越，通过以后将压力集中在脚跟上。主要技术动作有左右回转。大回转用靴与滑雪靴相似，但更有弹性。滑板坚硬、狭窄，以利于转向和高速滑行。以滑行速度评定名次。规则规定两次预赛成绩相加排名前 16 位的决赛晋级，之后进行淘汰赛，16 进 8、1/4 决赛、半决赛和决赛。正式比赛时选手抽签每两人一组，在平行赛道上进行两次预赛，第二次预赛要交换赛道。第一次比赛中落后的选手延迟出发，延迟的时间为第一次比赛落后的时间。第二次比赛中率先抵达终点的选手取胜。

U型池场地为U形滑道，长120米，宽15米，深3.5米，平均坡度18度。滑板稍软，较宽，靴底较厚。比赛时运动员在音乐伴奏下，在U形滑道内边滑行边利用滑道做各种旋转和跳跃动作，一般为5～8个造型，五名裁判员根据完成的动作难度和效果评分，每人最高分不超过10分，五个得分之和为该选手本轮比赛得分。比赛共有两轮预选赛，首轮预选赛前六名选手直接晋级决赛。其余选手参加第二轮预选赛，前六名选手也获得决赛权。最后12名决赛选手进行两轮比赛，根据两轮决赛中的最好成绩排定最后的名次。主要动作有跃起抓板、跃起非抓板、倒立、跃起倒立、旋转等。

2006年都灵冬季奥运会增设单板滑雪越野赛，比赛场地高度差为100～240米，平均坡度为14度～18度，路线长度为500～900米，赛道宽度约为40米，比赛用时约为40～70秒。比赛沿途分布着雪丘、跳跃点和急转弯，时常发生碰撞，单板滑雪的参赛选手要通过自己的各种技术越过障碍来完成比赛。比赛最后的成绩以到达终点的时间判定。都灵冬奥会上将有男女各32名选手参赛，两轮资格赛上每个选手将单独出发，用时排在前16名的选手进入1/4决赛。从1/4比赛开始，每组有四名选手参赛，获得前两名的进入下一轮。

中国的单板滑雪于2003年正式立项，主要开展U型场地雪上技巧项目。凭借在体操、武术等项目上的突出成绩，中国单板滑雪项目选材得当，在短短五年时间内进步迅速：2005年世界大学生冬季运动会上，中国选手潘蕾为中国队赢得国际比赛的首枚单板滑雪银牌，中国队在该项目上还获得了两个2006年都灵冬奥会的参赛资格。

2007～2008赛季，中国17岁小将刘佳宇脱颖而出，两次夺得世界杯金牌，并一度跻身世界排名第一的位置。2009年1月韩国举行的世锦赛上，中国队实现历史性突破夺取U型池团体和个人冠军，中国队正逐渐形成集团优势，期待在2010年温哥华冬奥会上争取创造新的佳绩。

自由式滑雪

自由式滑雪的起源

自由式滑雪于 20 世纪 60 年代在美国诞生，当时的美国正处于一个变革的时期，人们渴望自由的心理促使这项全新的、刺激的滑雪项目出现在人们面前。此项目最初只是将高山滑雪和杂技集于一身，经过几十年的发展，变成了今天的样子。

首次自由式滑雪比赛是于 1966 年在新罕布夏州举行的，在随后的十年中，很多勇敢者创造出了大量的惊险动作，此项运动也逐步成形。

国际滑雪联合会在 1979 年正式承认自由式滑雪项目，并且在运动员及其跳跃技巧方面制定了新的规则，以减小此项运动的危险性。首届世界杯自由式滑雪系列赛在 1980 年举行，法国在 1986 年举办了首届世界自由式滑雪冠军赛。自由式滑雪又分为三个小项，包括雪上技巧、空中技巧和雪上芭蕾。

自由式滑雪在奥运会中的历史

在首届世界自由式滑雪冠军赛举行后不久，国际奥林匹克委员会将这一项目列为 1988 年卡尔加里冬奥会的表演项目。随着世界杯自由式滑雪巡回系列赛的举行，此项运动成长迅速。自由式滑雪项目在卡尔加里冬奥会中获得了成功，国际奥委会决定将此项目列入阿尔贝维尔冬奥会的正式比赛项目，但令自由式滑雪联盟感到沮丧的是，奥委会仅将雪上技巧列为比赛项目，而没有接收空中技巧和雪上芭蕾。

在阿尔贝维尔冬奥会中，自由式滑雪取得了巨大的成功，因此，国际滑雪联合会和利勒哈默尔冬奥会组委会敦促国际奥委会将空中技巧列入 1994 年利勒哈默尔冬奥会比赛项目，在 1994 年冬奥会召开前，国际奥委会终于接收了这个项目，在过去的两届冬奥会中，总共产生了四枚自由式滑雪金牌。目前自由式滑雪雪上芭蕾项目仍然未被纳入冬奥会正式比赛项目。

自由式滑雪分项

始于 20 世纪 60 年代，在高山滑雪基础上发展而成。1971 年在美国新罕布什尔州举行世界上第一次正式的自由式滑雪比赛。1975 年起举办世界杯自由式滑雪赛。*1986* 年在法国阿尔卑斯山的蒂恩镇举行了首届自由式滑雪锦标赛。*1992* 年起被列为冬奥会比赛项目，设男、女空中技巧（*1994* 年列入）和男、女雪上技巧（*1992* 年列入），男、女雪上芭蕾于 *1988*、*1992* 年被列为冬奥会表演项目。*1994* 年冬奥会将这一项目列为正式比赛项目。

1. 空中技巧：始于 *20* 世纪初。*1928* 年美国卡尔顿成为世界上第一个穿着滑雪板完成雪上空翻动作的运动员。*1958* 年瑞士滑雪教练费尤雷尔在滑跳中完成空翻和转体动作。空中技巧运动员使用的滑雪板男子不短于 *1.90* 米，女子不短于 *1.80* 米。场地由出发区、助滑坡、过渡区一、跳台、过渡区二、着陆坡和终点区组成。比赛时每人试跳两次。裁判员根据运动员完成动作的质量评定空中动作分和着陆动作分，两者相加再乘以动作难度系数，即为一次试跳的得分，两次试跳得分相加，得分多者名次列前。

2. 雪上技巧：在设置一系列雪包的陡坡线路上进行回旋动作、空中动作以及滑降速度的比赛，包括单人雪上技巧和双人雪上技巧。雪上技巧场地长 *200~270* 米，宽 *15~25* 米，坡度为 *24~32* 度。运动员使用的滑雪板男子不短于 *1.90* 米，女子不短于 *1.80* 米。以回转动作和空中动作质量分以及计时成绩分相加评定名次，得分多者名次列前。

3. 雪上芭蕾：*1926* 年德国高山滑雪运动员罗伊埃尔出版世界上第一部有关雪上芭蕾的书《滑雪板上的新潜力》。*1966* 年美国著名高山滑雪运动员和理论家菲法尔成立世界上第一所雪上芭蕾学校，雪上芭蕾场地长 *200~240* 米，宽 *35~45* 米，坡度为 *12~15* 度。滑雪板不得短于运动员个人身高的 *81%*。裁判员根据运动员完成动作情况评定技术分和艺术效果分，以技术分和艺术效果分的总和判定名次，得分多者名次列前。

2. 滑雪运动规则

高山滑雪比赛规则

高山滑雪的每个项目比赛均采用单人出发，出发的顺序通过抽签决定，但有的项目需要滑两次，第二次出发的顺序由第一次比赛的成绩决定。出发的间隔一般为60秒，只有回转项目采用不等时出发。出发时，运动员必须身穿经正式铅封标志的运动服（即经裁判员检查并认可的服装），佩戴出发号码布，头戴护盔，脚穿滑雪板，手持滑雪杖，同时必须使用脱离式固定器。

高山滑雪各项目之间的区别主要在于场地起终点的高度差不同，地形和坡度的要求不同以及设置旗门的方法和数量不同。

速降场地起点与终点的高度差男子为800～1000米，女子为500～700米。线路长度的设计在冬奥会和世界锦标赛中应保证男子的最好成绩不少于2分钟，女子不少于1分40秒。为确保比赛安全，除了在线路两侧插足够的红色和绿色指示旗外，还必须在长要的地段（如危险地段、坡度转换和颠簸地带、转变处以及运动员易于滑错方向的地段等）设置旗门。旗门的宽度不得少于8米。运动员必须用至少一只滑雪板的前端和双脚都通过旗门线，方为正确通过旗门。假如场地起点与终点的高度差达不到规则要求，可以组织两轮滑行的滑降比赛（但高度差最小不得小于450米）。两轮比赛成绩相加，时间少者名次列前。

回转比赛的场地应建在坡度为20度～27度的山坡上。场地宽不得小于40米。起点与终点的高度差，男子为140米～220米，女子为120～180米。旗门男子55～75个，女子45～60个。每个旗门由两面旗和两根旗杆组成。红、蓝旗门要交替插设。旗帜的规格为2422厘米。两个旗门的最小距离不得少于0.75米。旗门宽度为4～6米。旗门设置应包括有开口旗门（两个旗门杆连线与线路方向垂直）、闭口旗门（两个旗门杆连线路方向平行）以及 1~4 个由 3 至 4 个旗门组成的旗门组，如蛇形门、螺旋门、三角门以及菱形门等。回转比赛的成绩以在两条不同线路各滑行一次的成绩相加，时间少者名次前列。

大回转比赛场地通常是多坡并呈波浪形，其宽度至少 30 米。起点与终点的高度差，男子为 350~400 米，女子 260~350 米。旗门数应是高度差的 12~15%。旗门宽 4~8 米。最近两个上下连续门的旗门杆最小距离不得少于 10 米。大回转比赛一般须进行两轮滑行。第二轮滑行可在同一场地进行，但旗门必须重新设置。两轮滑行成绩相加，时间少者名次列前。

超级大回转场地要求是呈波浪起伏状的地形。宽度不得少于 30 米。起点与终点高度差男子为 500~650 米，女子为 350~500 米。旗门宽度，开口旗门最少为 6 米，闭口旗门为 8~12 米。旗门数不得超过高度差的 10%，但男子最少不得少于 35 个，女子不得少于 30 个。

跳台滑雪比赛规则

跳台滑雪比赛中的跳台由助滑坡、着陆坡、停止区组成。比赛时每个国家单项限报 4 人，团体限报一个队 4 名运动员。设有 90 米级（原为 70 米级）、120 米级（原为 90 米级）和团体 3 个男子项目。

滑雪者两脚各绑一块专用的雪板，板长 2.30~2.70 米，宽 11.5 厘米，板底有 3~5 条方向槽。比赛时运动员不用雪杖，不借助任何外力，以自身体重从起滑台起滑，经助滑道获得 110 公里/小时的高速度，于台端飞后，身体前倾和滑雪板成锐角，两臂紧贴体侧，沿自然抛物线在空中滑翔，在着陆坡着陆后继续自然滑行到停止区，然后根据从台端到着陆坡的飞行距离和动作姿式评分。

跳台滑雪有 5 名裁判员。裁判员根据比赛选手两次（飞行）姿态判分，姿态得分与距离得分相加，距离分以飞行的米数来计算。飞跃姿势裁判共 5 名，每人打分占 20 分。去掉一个最高分和一个最低分，满分为 60 分。

距离计算采取"2 舍 3 入法"，如 60.20 米作 60 米；60.30 米则作 60.50 米；60.70 米作 60.50 米，60.80 米则进为 61 米。姿式的最高分为20分，在评姿式分时，跳跃得分占重要比例，成功的可得6~20分，失败则得0~12分。跳台滑雪的技术动作包括四部分分别是助滑、起跳、空中飞行和着陆。

说明：

NH跳台（普通台）：起跳高度1635米，到达高度1528米。

LH跳台（大台）：起跳高度1650米，到达高度1528米。

普通台男子单人：比赛从资格赛开始，世界杯赛排名前15名的选手不需要参加资格赛，直接晋级决赛。剩下的选手都要在资格赛争夺35个决赛名额。决赛共有2跳，第一跳50个人全部参加，取成绩最好的35人参加第二跳。第二跳的顺序是按照第一跳的成绩从低往高倒着进行。

大台男子单人：大台男子单人比赛规则和普通台男子单人一样，只不过它是在大台上进行的。大部分的跳台滑雪世界杯都是在大台上进行的，一个赛季只有一两站是在普通台上进行的。

大台男子团体：在这项比赛中，每个队有四名选手。比赛分为两轮，第一轮比赛每个队先跳一个人，随后每队跳第二个人，然后是每队的第三个人，第四个人。每个队四名选手合计得分算总分。排在前八名的队伍才能参加第二轮比赛，第二轮比赛的出发顺序和单人比赛相同，按照成绩从低到高，最终总得分最高的队伍获胜。

自由滑雪竞赛规则

空中技巧

1. 定义：空中技巧比赛包含两次不同的特技跳跃，强调起跳、高度和距离（即"腾空"），正确的姿势、动作的执行和准确性（即"动作"和"着陆"）。

2. 评分：所有空中技巧项目使用分段评分法。

3. 运动员的特技技巧将由下列三个基本要素予以裁判：

（1）腾空：占得分20%。

（2）动作：占得分的50%。

（3）着陆：占得分的30%。

4. 评分程序：裁判员根据 FIS 自由式滑雪裁判手册 6004 项确立的标准独立评定运动员的技术表现。每跳的分数乘以难度系数（D/D）决定该跳的总分。运动员两次跳跃的最终得分由每跳总分相加决定。

雪上技巧

1. 定义：雪上技巧比赛包含在一条陡峭的、多雪包的线路上一次自由滑行，强调技术性转动、速度和空中技术动作。

2. 评分：雪上技巧运动员的技术按下列三个基本要素评分：

（1）转动：占得分的 50%。

（2）腾空：占得分的 25%。

（3）速度：占得分的 25%。

雪上芭蕾

运动员可根据自由表演的动作自由选择音乐伴奏。

1. 评分标准为：编排占 25%；技术动作难度占 25%；艺术表现能力占 50%。

2. 雪上芭蕾常用的技巧有：跳跃，如高速跳转动作；旋转，用单脚雪板的 360° 旋转；连续步法，如逆交叉步等；利用雪杖的空翻，如前后空翻等。

3. 规则规定，空中技巧的比赛分别以两种不同的内容进行两次，雪上技巧和雪上芭蕾各进行一次。

3. 滑雪运动装备

滑雪器材

滑雪器材主要有滑雪板、杖、靴、各种固定器、滑雪蜡、滑雪装、盔形帽、有色镜、防风镜等。通常滑雪场有器材出租，游客不妨租借。

滑雪板

滑雪板分类

滑雪板一般分为高山板、越野冬季两项板、跳台板、自由式板、单板等。高山板由多层结构组成，主要包括弹性反材、搞扭较往年盒形结构、板芯、玻璃纤维复合材料、高分子材料底板、金属边刃等。在选择滑雪板的长度时，最长应以不超过本人手臂上举手腕部高度为限，最短不应短于胯部。选择长的浮雕雪板，使用起来速度快，稳定性好，短的滑雪板速度慢，易颤动，稳定性差。

木质的轻而价格便宜，但易受潮变形，故使用前宜涂抹特制油脂，不易粘雪及防止雪水浸入。玻璃纤维滑雪板适合任何雪质的雪地，但价格较高。铝合金的金属滑雪板在轻而燥的深雪及冰面上回转轻便，价格也较高。目前有将这三种材质混合制成的滑雪板，最受滑雪爱好者欢迎。

滑雪板结构

1. 底座：这是滑雪板的下面部分，也是接触雪面的部分，得到一个能够快速滑行的底座是每个选手的愿望。

大多底座是塑料材料制作的。这两种底座一种是融塑的，另一种是挤压式的。融塑的是先溶化再切割，他们寿命长，容易维修。但是融塑的滑板速度最慢，上蜡量最小。挤压成的滑雪板正好相反，他们实现研磨成粉，加热，压制之后切割成型。压缩版比溶质版更好，更结实，更快，上蜡好。但是他价格昂贵，不宜维修。

如果你追求出色的表现，那就应该选一款挤压式的板。如果预算比较紧，也可以选一个融塑的滑板。

另一种滑雪板比压制的还好，称之为石墨版，石墨版在所有滑雪板中速度最快，上蜡的量最大。石墨底座有聚乙烯构成，在塑料颗粒上加上石墨，然后成版。这样的版通常是深黑色，一般在速滑赛上可以看到的都是石墨版。

2. 拱形头：它是当你把板放在平面时微微翘起的那部分。拱的大小和灵活性紧密相关。拱形越高，版头和尾部承担的压力就越大。一个很平的拱头说明这块版转向很灵活，所以适用于一些自由式的运动。对于一个使用过的板子，平头也意味着这块板已经使用太久了。对于大多数新滑雪板来说，选择一个微微弯曲的拱头可以帮助你在高速滑

行中灵活的转向，而且即使在很硬的雪上也可以灵活的转弯。

3. 触点：这些点和雪有直接接触，但是不承受人体的压力。这些点也被称为底座轮。一般在头和尾部附近。如果你把滑雪板放在一个光滑的平面上，下面放一张纸，拖动这张纸，在中央会非常的光滑容易拖动，直到你触及到这些点，纸就会停住。

4. 边缘：这个是指滑雪板的金属边。前头称之为"toeedge"对应的后头称之为 heeledge。

5. 有效边：滑雪板边缘接触雪的部分是在转弯时起作用的部分，称之为有效边。不包括前后两部分头边。在大转弯时有效边会和雪接触。有效边越长，滑行越稳定而且容易控制。而有效边短则转向灵活。

6. 弯点：这个点一般在两块板子的结合处。这一点一般在转弯的开始或者结束部分。允许滑板和雪沿半径割线接触。硬的扭转点可以很好的控制雪和冰，另一方面，软一点的板可以让板变得更稳定，适合初学者。

滑雪板的选择

对于初学者来说，太长的滑雪板不容易控制，转弯较困难，不利于提高自己的技术水平。根据本人经验，初学者最好用自己的身高再加 5 厘米左右即可。由于滑雪板的规格是以 5 厘米为进制，所以在选择时应视实际情况而定，例如 170 厘米身高，应选 175 厘米板长。而 173 厘米身高，应选择 180 厘米板长。滑雪板的弹性有大有小，初学者应选用弹性较大的滑雪板，因为这种滑雪板遇到不平的雪面时不易颠簸，制动效果也较好，操作起来比较容易，使初学者很快就能掌握基本的滑雪方法。

技术好的滑雪者可以选择长一点，弹性小一点，稍微重一些的滑雪板。它可以增加滑行中的稳定性，使滑雪板的金属边刃紧紧地卡在雪面上，有利于滑雪者充分地操纵滑雪板，滑出漂亮的弧形。滑雪板底板的材料主要由塑料或高分子尼龙材料制成，高分子材料的底板摩擦系数小，比塑料底板要好。滑雪板的边刃要随时保持锋利，这样在你对它施加重力时，不会产生侧滑。据说专业滑雪运动员使用的滑雪板其边刃可以刮胡子。

滑雪板的维护

雪板虽然比较坚固，但不代表不需维护。经常性的维护，可以提高雪板的性能、延长雪板的使用寿命，同时也使雪板保持一个良好的形象。

不过，维护雪板可不是一般的滑雪爱好者所能进行的，因为维护工作需要专业器械和工具，而这些工具普通人没有必要置办齐全。滑雪板的修理、维护应属滑雪装备供应商的售后服务内容，大部分滑雪场也能进行日常维护。了解一下滑雪板的维护过程、用具，对你熟悉自己的装备性能还是大有帮助的。

雪板维护作业前，首先要用工作台和夹具对雪板进行固定。工作台分许多档次，夹具也分为高山雪板夹具、简易雪板夹具和单板夹具。

固定好雪板后，先来清洁雪板。用刮板除去板面上的脏物和多余的蜡，也可以用纤维尼龙刷和铜刷，除蜡要用专用除蜡剂，最后用软布或吸附力强的纸擦净雪板。

如果板底有破损，需要进行修补。以前做修补一般用补板胶条和钢刮板，现在的新技术是高温热压补板，采用专用热压胶条。

雪板边侧的钢边是易损部位，修理钢边先用金刚石锉粗磨受损伤的立刃和横刃，用雪板修角器取齐，再用细钢锉加工，油石去毛刺或专用去毛刺金刚石。修理钢边的专业工具还有不同角度的锉套。当然，省事的还是用电动工具——电动利边器来修理钢边，一般三五分钟就能完成一副雪板。各大滑雪装备厂家均生产这种电动工具。

给雪板上蜡是维持雪板运动性能的措施，使用专用雪蜡。雪蜡种类繁多，根据雪板使用环境的温度、雪质（新雪、陈雪、脏雪、冰状雪、粗糙雪）、空气湿度等条件以及高山板、单板的不同选用对应的雪蜡，也有适用于所有温度和雪质的快蜡。雪蜡分液体和膏状，滑雪场和雪具店上蜡多用熨斗，按从板头至板尾的方向上蜡，有时也用蜡擦抛光。高级的雪蜡按材质分类为碳氢雪蜡、低氟雪蜡、高氟雪蜡、全氟雪蜡。

滑雪杖

滑雪杖介绍

雪上运动器材。用木料、竹、合金铝或玻璃钢制成。由杖杆、杆尖、雪轮、握革等部分组成。

雪杖：它是用来在起滑时支撑、在滑行中平衡身体的。除跳台滑雪、空中技巧滑雪、单板滑雪外，其他项目都使用滑雪杖，是滑雪者控制重心必不可少的一件工具。选择雪杖的长度以适合自己的身高为原则，一般由拦雪轮起算，最长不过肩，最短不低于肋下。能穿过皮手环，握杖称手的为最好。越野滑雪杖的长度为使用者身高的 85% 左右。高山滑雪杖的长度为使用者身高的 65% 左右。高山滑降用"s"形雪杖。滑雪时使用者双手各持一雪杖，以进行撑动、推进、制动、转弯等各种形式的运动，并借以维持平衡与保障安全。

怎样选择滑雪杖

我们在选择时应以质轻、不易折断、平衡感好、适合自己身高为原则。一般由拦雪轮起算，最长不过肩，最短不低于肋下。可将于穿过皮手环，握杖挥动称手为佳。一般分为高山杖、越野杖和自由滑雪芭蕾杖。一般以本人手臂下垂后肘部距地面的高度作为选择滑雪杖的长度。初学者可选择稍长一点的滑雪杖，待技术提高后，再选择短一些的滑雪杖。一般滑雪杖的长度在 90～125 厘米。

滑雪杖上要有佩带，它可套在手腕上，防止脱落。雪轮可防止滑雪杖在雪里插得过深，在高速滑行的瞬间给滑雪者一个稳定的支点。

滑雪服

滑雪服的分类

滑雪服一般分为竞技服和旅游服。竞技服是根据比赛项目的特点而设计的，注重于运动成绩的提高。旅游服主要是保暖、美观、舒适、实用。滑雪服的颜色一般十分鲜艳，这不仅是从美观上考虑，更主要的是从安全方面着想。如果在高山上滑雪特别是在陡峭的山坡上，远离修建的滑雪场地易发生雪崩或迷失方向，在这种情况下鲜艳的服装就为寻找提供了良好的视觉。

由于滑雪活动是一项在寒冷环境中进行的体育运动，因此在选择贴身内衣时，最好不用棉制品，而用专门的丝普纶材料制成的贴身、透气并能让汗水分子透出的内衣。它的内层有一层单向芯吸效应的化纤材料，本身不吸水，外层是棉制品，可将汗液吸收在棉制品上，效果非常好。

另外，在滑雪时难免会摔倒。如果没有连体滑雪服，摔倒后雪会从脚脖子、手腕、领子等处钻进服装里。解决这一问题的办法非常简单，只有要一副晴纶棉织成的有弹性的长筒护膝，一副宽条护腕外加一条围巾即可解决问题。

滑雪服的类别：双板连体：传统滑雪服好处是让衣服里面不进雪，连体设计，但是动作不方便，已经被淘汰，目前几乎销售的很少，已被分体取代。

双板分体：里面含有棉或其他保暖层，类似山地冲锋衣设计，款式漂亮。

单板分体：一般都是单层设计，前面增加保暖层，后背单层透气，衣服肥大。

紧身衣：特殊保暖层，排汗效果最好，比赛专用。

滑雪服的选择

1. 不能选择太小或紧包身体的服装（专业比赛服除外），那样会限制做滑行时的滑行动作。上衣要宽松，衣袖的长度应以向上伸直手臂后略长于手腕部为标准，袖口应为缩口并有可调松紧的功能。领口应为直立的高领开口，防止冷空气的进入。裤子的长度应当以人蹲下后裤角到脚踝部长度为准。裤腿下开口有双层结构，其中内层有带防滑橡胶的松紧收口，能紧紧地绷在滑雪靴上，可有效地防止进雪。外层内侧有耐磨的硬衬，防止滑行时滑雪靴互相磕碰导致外层破损。

2. 从结构上看，滑雪服有分身滑雪服和连身滑雪服两种形式。分身滑雪服穿着方便，但在选择时裤子一定要是高腰式，并且最好有背带和软腰带。上衣一定要宽松，要选择中间收腰并要有腰带或抽带，防止滑行跌倒后雪从腰部进入滑雪服。手臂向上伸直后袖子不能绷得太紧，宁可长一些，因为上肢在滑雪过程中处于一种全方位运动中，对初学者尤其如此。连身滑雪服结构简单，穿着舒适，防止进雪的效果比分身的好，但穿着较麻烦。根据笔者的经验，穿连身滑雪服较分

身滑雪服滑行时方便。

3. 由于我国滑雪场大部分处于内陆，属于寒冷、干燥气候，温度低，风大，雪质较硬，所以从材料上看，滑雪服的外料应选用耐磨防撕、防风，表面经防风处理的尼龙或防撕布材料较好。鉴于我国滑雪场的运行索道绝大部分为不封闭式，加上空气温度低，所以滑雪服的内层保暖材料应选用保暖性较好的中空棉或杜邦棉，以便为滑雪者在乘坐索道时提供一个良好的保暖条件。根据笔者的经验，连身滑雪服较分身滑雪服保暖效果好。

4. 从颜色上看，最好选择能与白色形成较大反差的红色、橙黄色、天蓝色或多种颜色搭配的醒目色调，一是为这项运动增添迷人的魅力，更主要的是为其他滑雪者提供一个醒目的标志，以避免碰撞事故的发生。

5. 滑雪服的开口以大拉链为主，以利戴手套时也可方便操作。要有若干个开启方便的大兜，以便将一些常用的滑雪用品分门别类地装入其中，方便使用。由于经常需要用手去整理滑雪器材和持握雪杖滑行，所以滑雪手套要宽大，要选择五指分开的。手套腕口要长，最好能将袖口罩住，如能有松紧带封口，就能有效地防止雪的进入。滑雪帽最好选用套头式，它只露出脸的前半部，能防止冷风对脸部的损伤，对女士尤为重要。总之，一身舒适、漂亮的滑雪服加上您潇洒优美的滑行姿态，一定会给您带来美好的享受。

滑雪帽

简　介

滑雪帽的主要作用是护住头部和耳朵，所以在选择滑雪帽的时候一定要注意轻便和不影响视野，一般用弹性较好的细绒线织成的都可以。如果觉得滑行中冷风对面部的刺激过大，可以选择那种只露出双眼的头套，再配合上一个全封闭型的护目镜的使用，就可以将面部全部罩住，有效的抵制冷风对面部的刺激了。

作　用

头部是滑雪时要重点保护的地方，所以在滑雪帽的选择上要格外仔细，一定要注意保暖。滑雪帽以弹性较好的绒线帽为最佳，长度以能遮到耳朵为首要条件，要能紧贴头部及耳朵部位，这样即使剧烈运动亦不易松脱。最好选用套头式，它只露出脸的前半部，能防止冷风对脸部的吹拂，因为滑雪时寒气袭人，如果不做任何保护措施的话，很容易冻伤皮肤，对女士尤为重要。今年不少滑雪帽都在耳边加了两条细长带的设计，这是帽子的最新潮流，年轻女性带上这种新款滑雪帽会显得十分活波可爱。但要以不影响视野为宜。

滑雪镜

镜片的形状

滑雪镜是用来挡光和挡风的。建议尽量佩戴有边框的树脂眼镜，镜片颜色以黄色或茶色为佳。视力不好的滑雪者，不要戴隐形眼镜滑雪，如果跌倒后隐形眼镜掉了，找回来的可能性几乎不存在。

滑雪镜分为高山镜、跳台镜、越野镜、自曲镜等。由于雪地上阳光反射很厉害，加上滑行中冷风对眼睛的刺激很大，所以需要滑雪镜来保护滑雪者的眼睛。

雪镜的镜片从形状上分柱面镜和球面镜两大类，柱面镜是我们以往较常见的，而球面镜则是近两年比较新的款式，球面镜从几个方面都优于柱面镜。

（1）视野开阔，由于球面的设计更加符合人体工学原理，所以镜框可以更加贴后，使得人的视野减少了镜框的干扰。

（2）空间更大，由于球面的突出，使得镜片到人眼的空间增大了很多，这将带来若干好处，空间大通风孔进来的空气有足够的循环空间，这会不容易起雾。球面使得镜片距离人眼距离增大，也使得人眼的蒸汽不会很快遇到较冷的镜片，起到防雾效果。

（3）球面的镜片设计更接近人眼球的形状，这样在眼球转动的时候无论什么角度视线都是垂直于镜片，减弱了视差的可能。镜片距离人眼较远，也会在意外的撞击下更加的不容易碰到眼球。

（4）球面镜的抗冲击能力和抗变形能力都大大超过了柱面镜片。

（5）当然，从美观效果上来讲，球面镜看上去更酷，突出的球面镜的聚焦效果使得周围的景物集中于镜片之上，镜头效应的景物呈现于镜片之上。所以，买雪镜当然首要推荐球面镜片，不过球面镜片一般都偏贵，毕竟是新产品。

（6）镜片的两侧，眼角对应位置宽窄不同，功能也不一样，较宽的视野比较开阔，适合玩单板，较窄的适用于双板。

怎样选择。

滑雪镜对于滑雪的人而言是必不可少的保护，由于雪地阳光反射很厉害加上滑行中冷风对眼睛的刺激很大，选择合适的滑雪镜非常重要。

不管你是高手还是初学者，合适的滑雪镜都必须具备以下几个基本功能：

1. 防雾，镜面起雾会模糊滑雪者的视线，很容易出意外；

2. 防紫外线，雪地阳光反射厉害，强烈的紫外线会灼伤眼睛；

3. 防风，不管你是否熟练，滑行时雪地冷风会对眼睛刺激；

4. 最好是双层树脂的，即使受到撞击也不会对脸造成伤害。

5. 有透气口，在外框的上檐有用透气海绵制成的透气口，以使面部皮肤排出的热气散到镜外，保证镜面有良好的可视效果。

6. 购买建议：

（1）美观角度，多多少少要考虑跟自己最喜欢的滑雪服的色彩匹配。

（2）质量第一，不管怎样，滑雪都属于一种危险性的运动，在自己能够承受的价位范围内一定要挑选最好的。

（3）雪镜虽说是滑雪装备中细小的部分，但它也需装备齐全，你可以随身携带一个擦雪镜的小布袋儿。

（4）强烈推荐球面镜，球面镜的视野更开阔，它的抗冲击能力和抗变形能力都大大超过了柱面镜片。

滑雪鞋

概　述

滑雪鞋一般分为高山鞋、越野鞋、跳台鞋和单板鞋等。高山鞋一般由内外两部分构成，外壳是由塑料或 ABS 注塑而成，较硬不易变形，内层由化纤织物和保温材料组成，鞋的踝关节角度和鞋的肥瘦等可根据需要进行调节，具有保护功能。越野鞋一般分为尼龙和皮革制品，鞋腰矮软且轻便。跳台鞋一般是用皮革制成，鞋腰较高且前倾大，有利于运动员跳跃和空中练习前倾姿势。

如何选择

滑雪鞋的选择要使人感到即舒适又很合脚，脚趾在鞋中能活动自如，但脚掌、脚背、脚弓、脚跟应能紧紧的被裹住，外壳上的卡子要卡得恰到好处，使踝关节可以向前屈膝，只有这样才能控制滑雪板和滑雪速度。初学者应选择轻便、灵活、富有弹性的滑雪鞋，它的可操纵余地较大。而技术好的滑雪者，可选择能将脚与滑雪鞋紧紧连为一体的滑雪鞋，从而使滑雪者任何一点微小的重力变化都能通过滑雪鞋传递到滑雪板上，以提高滑雪者对滑行姿态的控制能力。

滑雪鞋的尺寸，初学者与有经验者是两种截然不同的选择标准。初学者在平常的穿鞋习惯导引下，通常会选择较宽松的滑雪鞋，他所要面对的可能是滑雪动作无法正确表现。因为脚会在鞋内非自主性的移动，同时在摔跤时也会因雪鞋内过多的空隙而造成扭伤。中、高级的滑雪者选择把脚完全包紧的滑雪鞋，就是要避免上述的情况。

滑雪者在试穿雪鞋时，无论是那种类型的雪鞋，一定要合脚，所谓合脚是脚趾能略微的接触到雪鞋的顶端（有经验的滑雪者甚至会选择脚趾略为弯曲的尺寸）。很多初学者会觉得滑雪鞋会愈穿愈大，这是因为滑雪动作膝盖是向前弯曲的；当膝盖前压时，脚跟会往后移，脚趾与滑雪鞋前端的空隙会加大，再加上雪鞋内层是海棉会因脚温升高（运动时身体会散发热能）而变软，滑雪时未选择适当尺寸的滑雪鞋，除雪板很难控制外，脚后跟也会因摩擦而红肿甚至起水泡。

日常维护

对滑雪鞋的日常保养，要注意每次滑雪完毕，将滑雪鞋的卡扣全部扣好，可以保持滑雪鞋的形状。如果有雪水进入滑雪鞋内，应该将内鞋取出，单独将内鞋擦拭后放在温暖的地方自然晾干，千万不能将滑雪鞋，特别是外靴放在暖气或火炉旁烘烤，以免外鞋受热变形。雪季结束后，将滑雪鞋里外擦拭干净，晾干，鞋内可以塞一些报纸，在干燥不潮湿的地方存放好。

滑雪手套

简 介

滑雪的全程都要依靠雪杖进行，所以对手套的要求很高。不仅要保暖、防寒，而且更要柔软、耐磨、防割伤。滑雪手套一般用天然皮革和合成材料制成，应选择不透水面料。滑雪时不小心一个雪沫溅在手上，很容易就融化成水渗入到手套里，所以手套的外层面料一定要防水。

滑雪过程中还要不断地调节滑雪器材，所以滑雪手套要宽大，应该选择五指分开型的，便于操作。如果手套腕口再长点，能把袖口罩住，就可以省了护腕。如能有松紧带封口，就能有效的防止雪的进入。最好有夹棉以起到保护及保暖的作用。

滑雪手套选购

1. 面料结实。保护最重要，要有一定的抗磨、抗切割、抗撕刮的能力，滑雪摔跤和磕磕碰碰难免，如果面料不结实手套易破损，手也很容易受伤。目前较专业的滑雪手套甚至在主要的保护部位采用制作防弹衣的凯夫拉材料，非常结实、安全。

2. 面料不粘雪。滑雪手套的防水不是很重要，外表用皮革、化纤或者橡胶材料的手套已经很好，棉布、毛线、绒等材料容易粘雪会使手套内外很快潮湿冰冷，严重的造成手指冻伤，所以有时戴抓绒或毛线手套滑雪，甚至还不如徒手。单板手套的防水性能要求更高一些。

3. 保暖、透气。保暖是基本要求，手套透气性也很重要，让热的时候出的汗及时挥发出去，避免潮湿和运动量下降时的冰冷感觉，而且不透气的手套经常出汗，手套里容易有味。

4. 滑双板要选分指手套，号码大小要合适，薄厚合适。需要保证手指灵活，便于在雪地里拉拉链、取东西、调节雪靴雪板、上下缆车等。有的双板手套还做成手指自然弯曲的形状，戴着更自然、舒服。单板手套腕部更长，经常扶雪面不容易进雪，有的还有护腕的结构，防止手撑着地时挫伤。

5. 手指、掌心材料最好能防滑，以保证戴手套时能抓握得比较牢固可靠，方便抓握雪杖、雪板、拖牵、缆车等。

初级些的手套在批发市场几十元可以买到，物美价廉。需要更专业的具有防水、防风、高排汗、透气及手套上附带雪镜刷及擦镜绒的高端产品，建议到雪具专卖店挑选，比较专业、齐全，价格从两三百元到上千元不等。

固定器

固定器是连接滑雪板和滑雪靴的一个重要部件，它对滑雪者的人身安全起着重要的保护作用。固定器分前后两部分，直接用螺丝固定在滑雪板上，前部固定器不可移动，后部固定器可沿滑雪板前后移动，以适应大小不同的滑雪靴。

前部固定器主要固定滑雪靴的前部，将滑雪靴的前部插入前部固定器的凹槽内，在槽的两边有两个带弹性的挡板紧紧卡住滑雪靴，使滑雪靴不会左右移动，其弹性的大小可通过固定器上的旋钮来调节。一般是以公斤数来表示，也就是说，一旦来自侧面的冲击力超过你设定的数值时，弹性挡板向一侧偏出，滑雪板与滑雪靴自动分离，以保护你的双腿不至于受伤。后部固定器除可前后移动外，还可以上下搬动，搬动力的大小可通过后部固定器上的旋钮来调节，当来自上下的冲击力超过你设定的数值时，后部固定器向上抬起，滑雪板与滑雪靴自动分离，以保证滑雪者的安全。

上滑雪板时，只需将后部的固定器抬起，将滑雪靴的前端插入前部固定器的凹槽内，用力向下压滑雪靴的后跟，听见"啪"的一声，固定器已将滑雪靴的前后端紧紧的卡在滑雪板上了，上下跳动一下，如无松动现象，即可滑行。

另外，在后部固定器的两侧，还有一对可收放的止滑器，其形状像两只小船桨，当滑雪靴被固定器固定时，这对止滑器通过自动机构同时被藏于固定器两侧，当滑雪靴与滑雪板分离时，止滑器同时打开，如同插在雪中的两只船桨，使滑雪板不至于顺山势滑走。

关于固定器的弹性数值设置，前后固定器的数值应保持一致，对于初学者来说，由于他们的控制能力较差，应限制他们的滑行速度，所以应该设置较小的数值，以保护他们的安全。而对于技术较高的滑雪者，由于他们在高速度和大冲击力的情况下也能灵活控制滑雪板，所以可将数值设置的大一些，以避免无谓的滑雪板脱落情况发生。

滑雪靴主要由内外两部分构成，外壳是由塑料或 ABS 注塑而成，较硬，不易变形，内层由化纤织物和保温材料组成。滑雪靴的选择要使人感到既舒适又很合脚，脚趾在靴中能自如活动，但脚掌、脚背、脚弓、脚跟应能紧紧的被裹住，外壳上的卡子要卡得恰到好处，使踝关节可以向前屈膝，只有这样才能控制滑雪板和滑雪速度。初学者应选择轻便、灵活、富有弹性的滑雪靴，它的可操纵余地较大。而技术好的滑雪者，可选择能将脚与滑雪靴紧紧连为一体的滑雪靴，使滑雪者任何一点微小的重力变化都能通过滑雪靴传递到滑雪板上，以提高滑雪者对滑行姿态的控制能力。

护　腕

护腕指的是用于保护手腕关节的一块布料，在当今社会，护腕基本上成为运动员必备的运动器材之一。

手腕是我们最常活动的身体部位，也是最容易受伤的部位之一，运动员手腕处出现筋腱炎的机会是很高的。要保护它不被扭伤或加速痊愈，佩戴护腕是其中一个有效方法。

护腕的作用：第一是提供压力，减少肿胀；第二是限制活动，让受伤的部位得以休养生息。

与此同时，最好尽量不要妨碍手部的正常运作功能，所以如非必要，大部分的护腕，都应是容许手指活动，不受掣肘的。

护　膝

护膝是指用于保护人们膝盖的一块布料，在现代体育运动中，护膝的使用是非常广泛的。

我们经常可以看到老年人、运动员使用护膝，而各类膝关节患者，特别是骨关节炎、风湿性关节炎、半月板损伤、滑膜炎等患者也需要护膝来维护关节。我们不仅需要护膝在冬天里保暖，实际上在挥汗如雨的夏天，频繁出入空调环境，也需要一款合适的护膝来减轻关节负荷。目前市场上护膝产品花样繁多，主要分类如下：

1. 护膝材质比较

（1）通常材质护膝。通常市面上用于护膝的材质主要有棉、毛、皮、混纺材料。

棉：透气性、吸湿性强，但水洗和穿着后易起皱变形。缩水率较大，约为 *4% - 10%*。保温性一般，不耐霉菌。

毛：常见的护膝毛型织物原料为羊毛、兔毛、骆驼毛等，保暖性高，但透气性偏差，发汗后不宜散发，防虫蛀性差，而且使用一段时间后给人以陈旧干枯之感。

皮革：动物皮革较透气，保暖性更好，但怕水；人造革表面不怕受潮，但保暖、透气性差。

混纺：随着混纺纤维的发展，它在一定程度上弥补了传统材质的一些缺点，但其吸湿、透气、保暖性能却不尽如人意。如棉和涤纶的混纺织物称为棉的确良，具有坚牢、挺刮、快干、免烫的优点，但吸湿、透气等服用性能不及纯棉织物。

（2）远红外线材质护膝。托玛琳石和活性炭纤维等材质被添加到护膝内，据称与人体及空气接触后释放出远红外线与负离子，能促进和改善血液循环，增强新陈代谢，缓解疼痛。但是，这些材质本身存在生命周期，一段时间后容易失效，如以活性炭为原材料的暖贴，遇氧气开始发挥作用，其有效期为 *14* 个小时左右，使用过程中不能与皮肤接触，否则过高的温度容易烫伤皮肤。心血管功能不全者、有出血倾向者、怀疑有恶性肿瘤部位者慎用或禁用远红外线材质的护具或服装。

（3）天美龙纤维护膝。天美龙纤维，亦称特美隆纤维、德美龙纤维，是日本发明的一个温度形态记忆智能纤维，具备了迄今为止所有纤维中最高的保温力。其保温力是绵的三倍，羊毛的二倍，其防霉抗虫性与棉毛材质相比更胜一筹。而在超强保温力的同时，又因为它具备以下神奇特点，使它被誉为"*21* 世纪贴身的健康服装"，引导了关节护具、服装发展的趋势。

①保温能力随外界温度变化而变化，越是寒冷气温保温能力越强。

②不积汗，可以及时挥发汗水。干燥的时候，它的超细纤维成分为人体带来舒适感，一旦人体出汗，则自动调节型功能纤维成分会变成立体结构凸起，使面料与皮肤之间的空间约为干燥时的 2 倍，加快汗水蒸发排出，保持皮肤干爽舒适。

③纤薄贴身，穿戴柔和。它通常采用两面编织的方法制成，往往可以实现无缝编织，穿戴更加舒适，没有压迫感又不易松动。

④可以集结空气中的负离子，创造舒适的身体环境。我们知道，负离子浓度达到 1000 ~ 2000 的森林浴环境最适宜人体。而佩戴天美龙纤维护具后，就可随时集结 1000 个负离子在你的身体表面，创造森林浴般的舒适环境。

正因为这些特质，天美龙纤维已被各行业广泛使用，作为难得的可以四季兼用的纺织材质，冬暖夏爽，越来越受到人们欢迎，前些日子市场上爆发出巨大人气的百傲鲨公司的护具就属于这种。

2. 什么样的人适合使用护膝产品

需要护膝来维护身体、改善疾病的人其实很多，一枚小小护膝，带来的是实实在在的健康。

（1）各类寒冷体质人群。

（2）各类关节不适人群，如退行性关节炎、风湿性关节炎、半月板损伤、髌骨软骨软化症、滑膜炎等膝关节不适的人。

（3）老年人、孕（产）妇、对冷热变化敏感者。

（4）运动员、秋冬季节爱穿冬裙的爱美时尚女性、喜好户外运动（如登山、探险、钓鱼等）的人士。

（5）经常接触冷气的如超市服务员、从事冷冻、水产加工工作、农业、渔业、建筑业等工作人员、长时间待在冷气房的上班族。

（6）认为有必要保温的人士。

膝盖是人体的一个重要运动器官，我们每天的作息，几乎都离不开膝盖，作为人体最大关节之一，膝盖承受着巨大而持续的负荷，它的健康直接决定了一个人的生活质量和生命质量，而使用一副好的护

膝如百傲鲨公司的天美龙纤维护膝，对于维护和更快恢复膝盖健康是
有益的。

4. 滑雪运动技术

跳台滑雪技术

*1. 助滑：*助滑是为了在起跳端造成更快的初速度，以延长空中飞
行距离的一种技术。在顺着助滑道的倾斜面前进时，运动员尽量两腿
深蹲，上体前倾成流线型姿势，力求与雪面大致平行，以最大限度地
减小空气阻力。

*2. 起跳：*起跳是整个技术动作的关键，起跳动作的好坏决定着运
动员成绩的好坏。由于助滑的最快速度可达每秒钟 *30* 多米，因此，掌
握起跳的最佳时机是衡量运动员技术水平高低的主要标准。起跳用力
的方法与跳高或跳远都不相同，确切地说，它不是跳而是两腿快速下
蹲的动作。运动员顺着助滑道快速滑行，一般当雪板尖到达台端时立
即起跳，上体向前伸展。

*3. 空中飞行：*运动员只有保持大胆、沉着、稳定和善于控制雪板
的空中飞行姿势，才能获得理想的成绩。这时，运动员的上体应充分
伸展，上体与下肢间稍有曲折，两雪板平行并与脚底呈锐角上仰，上
体与雪板基本保持平行，两臂伸直贴放于身体两侧。

*4. 着陆：*经过助滑、起跳和空中飞行，最后再完成正确的着陆动
作，就使整套动作连贯一致，一气呵成，运动员由此便可获得高分。
着陆时，应具有弹性和稳定性，两脚成弓箭步前后分开，身体重心分
别落于两脚，雪板后跟略领先于板尖着陆，两腿屈膝做缓冲，两臂左
右平伸，以维持身体平衡。落地后，保持平衡姿势顺利滑到终止区，
全部动作即算完成。

单板滑雪的技术要领

单板滑雪初期，为了学习玩滑板，初学者费了不少周折。这项冒

险运动仍是雏形时，没有多少专家，很少有滑雪场开办任何形式的滑雪课程。新入门的人只得在滑雪板上系牢，向雪挑战，充其量有一两位滑雪爱好者的指点。幸运的是，因这些先锋滑雪者坚持不懈，单板滑雪得以蓬勃发展。如今的场面明朗得多，多数对单板态度友好的滑雪场开办了可信的培训学校，配有专职训练教师。这表明学单板滑雪变得更有乐趣，安全得多。单板滑雪之所以吸引人，除了它是一项刺激的冒险运动之外，主要是它的学习过程。

　　大多数指导教师会告诉初学者，学习滑单板所需的基本技能只需大约三天时间。多数初学者面临的最大障碍是在完全了解如何控制滑板前使滑板动起来。令人惊奇的是，动起来以后，操纵滑板实际上就容易得多了。一旦站在滑板上滑动有了信心，就可以开始学习使用钢边横切。接着便是学习各种边刃动作的时间了。学会了基本的技法后，就将准备进行面谷转弯和面山转弯，这是单板滑雪中重要的技能。掌握基本功会令人吃惊地容易。不要由于摔滚而泄气。要牢记，用不长的时间就会掌握将来面对山野中各种不同地形的挑战应具备的技术。态度谦逊，参加授课善待自己，省出时间和精力参加课程。大多数滑雪场的单板滑雪学校以非常合理的价格为初学者提供综合服务，包括课程、升降设备通行和其它所需的装备。

　　一些租赁甚至包括诸如膝盖和臀部衬垫，使最初几个意料不到的滑降更加安全。从一开始便学习适当的技术是必要的。把这个过程想像为录音过程。当正确地做了第一次转弯，大脑便有了印记。它"记录"动作，当试图重复这一技法时，可以"重放"。如果通过自学开始，让自己的不正确的技术变得根深蒂固，便会"记录"坏的习惯。以后学习正确的方法前，这些坏习惯将不得不"抹去"。一位合格的教师会很快查明学习者的能力水平和所需的辅导量，辅导教师将能够回答学员的任何问题，确保学员以正确的方法按照意愿开始单板滑雪学习。

　　双板滑雪的技术

　　在学习基本滑雪技术时，主要要求学员掌握四种滑降技术、两种转弯技术，并了解转弯技术的要领。因为滑降是滑雪技术的基础，转弯是滑雪技术的精华。

学习滑降主要是使学员在高速运动中学会掌握重心，学习转弯技术则能使滑雪者轻易绕过障碍物。由于高山滑雪是加速运动，太快的速度使滑雪者不易控制滑雪板，而转弯过程本身就是减速运动，通过转弯，可使滑雪者将滑雪板控制在匀速状态下滑行。

学员应掌握的滑降技术主要有直滑降、斜滑降、犁式滑降和半犁式滑降。应掌握的转弯技术是犁式转弯、半犁式转弯，并了解犁式骨降和半犁式摆动转弯的技术要领。

犁式滑雪

犁式滑雪是一种简单易学的滑雪方式，它的动作是，双脚成为八字形，立于雪道之上，双膝稍弯，身体重心在两雪板之间。不要努力把滑雪板平放在雪地上，这时滑雪板与雪地之间应自然地形成一定的角度，滑雪板的边刃切在雪地上，如果这时在坡度很小的雪地上，用犁式可以站在原地不动。

选择坡度不大的初级滑雪场，记住犁式滑雪的动作要领，开始滑行，记住一定要两脚保持内八字形，滑雪板与雪地保持有切入角。从开始滑到停下来始终保持这动作。顺着雪道滑下一次后，你会发现，滑到雪道的下端平缓地时，速度会降下来，这说明犁式能降低速度，达到了控制程度的目的。回头我们再看一下滑过痕迹，不是两条直线，而是两条滑雪板横刮的痕迹。反复练几次后，我们再开始学转弯，在刚才学过的动作基础上，把身体重心由原来的两脚中间，移动到左脚或右脚，先做原地练习，重心移到左脚（或右脚）时要稳定动作几秒钟，在身体重心左右移动时，滑雪板始终保持八字形和与雪地间的角度。

来到滑雪道上，在下滑时，将重心移到左脚上停留一会，会发现向左转弯，再重心移右脚，这时会向右转弯。（重心移到哪只脚上，身体就会沿这只脚的雪板方向滑行）。转弯动作不是重心移动了，就完成了。而是移动后，要将重心保持在一只滑雪板上一会，才会完成一个转弯动作，也就是说，转弯是持续用力完成的动作。这个滑行动作需要多次反复练习。

在这个练习过程中，容易出现的错误就是在滑雪转弯过程中速度增加处，由于面向坡下，速度增加，心理紧张而没完成动作，就失去了平衡，摔倒。这时重要的是记住动作重点，保持动作，完成转弯。

在反复练习多次后，可以在速度减缓处使两条滑雪板平行滑行、在转弯时变为犁式滑行转弯。初学者开始滑雪时，会觉得很累，这主要是掌握不好平衡，身体紧张造成的。学会了犁式滑雪，能熟练滑行以后，你会觉得像散步一样流畅，轻松，自如。

高山滑雪是指滑雪者从一定的高度向下滑行。一个初学者只要有一套高山滑雪器材，经过短期练习即可入门。让我来告诉你如何在一周掌握基本的滑行技巧。

首先，你应该学习滑降技术，它包括犁式滑降，直线滑降，斜线滑降等。滑降技术是高山滑雪技术的基础，必须掌握。然后你就可以学习转弯技巧了，它主要包括犁式转弯，犁式摆动转弯，双板平行摆动转弯等。转弯技术是滑雪技术的精华所在，学习起来有一定的难度，要有耐心。

第一天上午，选一条长一点（500米），坡度缓一点（5度），宽大一点（50米），经雪道机修整过的滑雪道。穿好滑雪器材，将两只滑雪板的后部向外推出，呈八字状，膝盖向前顶，上身稍向前倾，两脚平均负担体重，用两只雪板的刀刃卡住雪面向坡下滑行。两只滑雪板形成的角度越大，阻力就越大，滑行也越慢，反之阻力就变小，滑行就加快。在滑行中需要不断的改变这种角度的大小，以体验由此带来的速度变化。初学者可将此技术用于滑降中的急速和停止。此阶段的主要任务是将滑降中的加速运动控制为匀速运动或急速运动。

至此你已经学完了犁式滑降技术，然后你就该学习直线滑降技术了。在相同的地点，穿好滑雪器材，两只滑雪板保持平行，雪板的间距与肩宽相同即可，双脚平均承担体重，身体微微下蹲，上身稍向前倾并自然放松，目视前方，沿滚落线方向滑行。此滑行过程呈加速状态，速度越来越快，要求滑雪者在滑行过程中保持双板平行，间距相等。这个阶段主要练习在保持双板平行的快速滑动中如何掌握身体的重心，即做到在滑行中不摔倒，达到目的后，你就完成了直线滑降技术的练习。然后在一次滑降过程中将上述两种技术动作交替使用，即当滑行速度过快时采用犁式滑降技术减速，当滑行速度较慢时采用直线滑降技术加速。需要反复练习，直到熟练掌握。以上两种技术动作至少需要拿出半天的时间来练习。

下午学习犁式转弯技术。在相同的滑雪道上，穿好滑雪器材，身体呈犁式滑降姿态。如果要向左转弯，应将重心移到身体的右侧，右腿承担体重，膝盖要向左向下压，让右侧滑雪板立刃的同时用力向外蹬右边的滑雪板，身体就会慢慢的向左转动。将此技术要更换到左边，身体就会向右转动。在犁式转弯中，承担体重的滑雪板为主动板，另一只为从动板。主动板受到的下压力量越大，转的弯就越小，下压力量越小，转的弯就越大。如果两只滑雪板轮换变为主动板，那么其滑行过程就是连续的犁式转弯。在改变转弯方向时，身体重心的改变和左右腿用力的改变同时进行。其它的姿势与犁式滑降姿势相同。犁式转弯适用于坡度不太陡的地形，由于它技术要领简单，很适合初学者使用，应安排半天的时间在缓坡上反复练习，以体验其要领。

第二天上午，选一条坡度为 15 度左右，高度为 60 米左右，匀速区长一些的滑雪道，学习斜滑降技术。斜滑降是指滑降的路线与滚落线呈一定角度的滑降过程。滑降过程中上身保持直立，膝盖向山上侧顶，两只滑雪板保持平行，靠山上侧板的滑雪板稍微突前。靠山下侧板的滑雪板承担体重，立刃后卡住雪面。山上侧的滑雪板轻浮于雪面，不要立刃，身体呈弓形，向斜下方滑行。当需要停止时，用力蹬山下侧板的滑雪板，使滑雪板的滑行方向向山上侧板转，滑雪板就会慢慢的停下来。学好斜滑降技术可为进一步学习转弯技术打好基础。需要半天的时间来练习。

下午在这个 15 度的雪道上练习昨天学过的犁式滑降技术，由于坡度比昨天增大，滑行的速度也比昨天快的多。技术上与昨天学过的没有什么差别，只需将滑雪板后部的口加大，立刃明显即可。需要反复练习，以提高对滑雪板的控制能力。

第三天，全天练习犁式转弯技术，选一条坡度为 15 度，高度为

60 米的滑雪道，将第一天下午学的犁式转弯技术，应用在这条滑雪道上。由于坡度增大，滑行速度加快。开始时，应给主动板施加较大的外力，使转弯的弧度加大，滑行速度减慢。增强滑雪者对滑雪板的控制能力。随着练习程度的不断加深，逐渐减小对主动板施加的外力，以减小转弯的弧度，直到能自如的控制滑雪板转弯。如果在两个不同方向的转弯之间，用犁式滑降进行过渡，就变成了连续的犁式转弯。犁式转弯技术的基础，要拿出较多的时间来练习，以掌握其技术要领。

第四天，在昨天使用的滑雪道上，继续练习犁式转弯技术。时间为一天。由于滑雪运动很消耗体能，初学者消耗的就更大。所以要休息好，尤其要保证好睡眠。如果要能蒸个桑拿，再找人按摩一下，对恢复体能大有好处。

第五天，全天学习犁式摆动转弯技术。所谓犁式摆动转弯技术，就是在犁式转弯过程的后半段，增加从动板向主动板的平行和靠拢过程。下面让我们来看一下这个过程是如何完成的。首先从右向左斜滑降，右腿承担体重。当需要向右转弯时，将滑雪板的后部向外推出，呈犁式滑降姿态，同时增大左侧滑雪板向外的推力，身体随之向右发生转动，其重心也从右腿向左腿逐渐转移。当你的瞬间滑行方向与降落线平行并且超越后，左腿就承担了体重，左腿的滑雪板成为主动板，右腿的滑雪板轻浮于雪面。这时你只要将右腿的滑雪板向左侧滑动到与主动板平行并稍微突前的位置，就完成了犁式摆动转弯过程。接下来从左到右的斜滑降，又是下一个犁式摆动转弯过程的开始。这种转弯技术练起来容易做起来很难。如果你前期学习的技术掌握的好，练习的时间又多，学起来要容易一些，要有很大的耐心。

第六天，继续练习犁式摆动转弯技术，了解双板平行摆动转弯技术。所谓双板平行摆动转弯，就是在保持双板平行的滑行中，完成转弯等技术动作。其实这种技术是犁式摆动转弯技术的延续和发展，当犁式摆动转弯技术中从动板向主动板移动的幅度接近于零时，就变成了双板平行摆动转弯。对于这种高级技术，不要刻意学，了解原理即可。要集中时间将以前学过的技术反复练习，特别是犁式转弯技术，当练习的时间积累到一定程度时，只要稍加指点，很快就会向后两种技术过渡。

至此,高山滑雪入门的基础知识就介绍完了。由于这些技术是一环扣一环,相互联系紧密,每一个环节掌握的好坏,直接影响到下一个技术动作的学习好坏,所以要循序渐进,不要急于求成。最好能请一名滑雪教练,这对一个初学者来说是非常必要的。

双板滑雪犁式直滑降技术

1. 犁式直滑降技术的含义。犁式直滑降习惯上称为犁式制动滑降,是双雪板立起内刃并呈犁状板型与滚落线方向一致的滑降。

2. 犁式直滑降的应用范围。

(1) 犁式直滑降是高山滑雪的典型基础技术,必须得以应有的重视。

(2) 用于初级阶段的减速及停止。

(3) 体验板尾推出、滑行中用刃及维持平衡感觉。

(4) 提高滑行速度、方向的控制能力。

(5) 为学习犁式回转创造条件。

3. 犁式直滑降的动作要领。

(1) 在一个能立住的缓坡上呈滑雪基本姿势,在下滑过程中躯体和手臂保持不变。

(2) 以双板前尖为假想圆心,双雪板为半径,双足拇指跟部球状处为力点,双腿跟同时向外展转,将双雪板后部同时推开边立内刃,板型呈犁状,板尖相距仍约 10 公分,双膝稍屈并略有内扣,双腿与雪面几乎成等腰三角形。

(3) 双雪板呈犁式后靠,双脚内侧均等用力滑行,大、中、小犁式变化时靠双足拇指跟部为力点展转。

(4) 重心位于两板中间,体态的左右外型、双腿的用力多少、双雪板立刃程度、双雪板尾向外展转的大小均应对称。

(5) 上体放松,目视前方雪面。

(6) 犁式滑降前后的重心位置,根据速度、坡度、雪质、用途的不同,随时应做相应的移动。

（7）犁式滑行中除调整犁式的大小外，还可通过肌肉的内力对雪板刃施力的大小及立刃的强弱进行调整，达到控制速度，维持平衡的目的。

4. 犁式直滑降的练习方法。

（1）首先以小犁式在速度低、坡度缓的场地上练习，逐渐提高滑行难度。

（2）与双板平等直滑降结合练习。

（3）将大、中、小犁式板型结合练习。

（4）改变立刃大小的反复练习。

（5）改变用力大小的反复练习。

（6）直滑降后用犁式滑行减速与停止的练习。

（7）在不同坡度和雪面有凹凸的场地上的练习。

5. 犁式直滑降的注意事项。

（1）始终保持住犁式滑降的基本姿势及左右的对称。

（2）弯腰大，不顶膝、大扣膝、后坐、立不住板刃、控制不住犁式板型都是常见的错误。

自由式滑雪基本技术

基本技术分为两类：

一类是非空翻技术动作，包括纵大一定跳、横大一字跳、哥萨克跳、直体下肢扭摆90度、跳台飞跃姿势、后屈小腿挺身跳、后屈小腿、直体转体360度、直体转体720度，以及上述动作的重复或几个动作的组合。

另一类是空翻技术，包括前空翻、后空翻和侧空翻三个方面的翻转及加转体组成的技术动作，而且翻转中身体姿势又分为团身、屈体和直体。

一个空翻中的转体又可分为180度、360度、540度、720度和900度和1080度。

滑雪站姿动作弯曲

当我们在走路的时候，我们是直立的，身体的各个部位都是处在一条与地面垂直的直线上。如果不是为了找地面的东西，我们的目光会投向前方，准确地说是与地面平行的。在开车时，我们的也要目视前方。所以只要身体处于运动状态，一个重要的安全原则就是向前看。对于滑雪来说也不例外，这里面有两个原因：

1. 向前看可以使我们更早地发现危险并做出规避动作。

2. 向前看可以使得运动的速度和节奏变慢。在开动的车里，如果你透过侧面的车窗看地上画的白色车道线，你会发现速度非常快，以至于一段段的虚线变成一道实线；但如果你通过车窗，向前看远处的车道线，每一段虚线都看的清楚。这说明向前看，世界变慢了，当然这只是主观的感觉，但是主观决定着你的滑行。

滑雪的原则是向前、向前、再向前。重心向前，手向前，眼光向前！在滑雪时怎么才算向前看呢？这还要从滑雪的站姿谈起。

与行走的直线姿态不同，滑雪的站姿有 3.5 个动作弯曲，自下而上分别是：踝部弯曲、膝部弯曲，腰部弯曲、头部弯曲。每一个弯曲都与它临近的弯曲在指向上相反。其中头部弯曲就是那 0.5 个弯曲，也是最容易被忽略的弯曲。

在滑行时，上身压住腰部，腰部压住膝部，膝部压住踝部。人体就是通过这 3 个弯曲，来有效地传导和累积自身的各段重量，从而形成一个紧密而非松圹的、重心向前的运动物体。如果某个弯曲消失，那么重量的传导和累积就会中断，滑行就会变形。

"头部弯曲"之所以只能算半个，是因为：

1. 与其它 3 个弯曲不同，它不是力量的施加与传导者，它的主要目的是调整你的眼睛向前看，在一个有坡度的雪道上，"向前看"的准确定义就是：眼光与雪道平行。

2. 它并非必须出现，它主要取决于上身前倾的程度。要想出现"腰部弯曲"，那么上身必须前倾，如果上身与雪道形成的夹角不小于 90 度，那么只要不刻意的低头，你的眼睛就是向前看的。如果你的上身压的很厉害，与雪道的夹角小于 90 度，那么你必须有意识地做抬头的动作，以调整你的眼睛向前看。

5. 滑雪运动训练

越野滑雪训练方法

越野滑雪运动员的机能有各种不同的差别。在体力的训练过程中，对速度、力量素质要特别加以注意。越野滑雪运动员的机能训练应包括有保障达到运动成绩提高机能系统发展的规定。这个规定决定了越野滑雪运动员基本体能的发展水平，即耐力的发展水平。速度力量素质的发展是在一般的和专项身体训练中才能实现。

1. 一般身体训练

（1）一般发展性的训练。在训练中对一般身体素质的训练，应是对全部肌肉群作用的训练，在基本部分的训练之后，采用柔韧性和伸展性相结合的训练，这种训练是发展具体肌肉群的训练，为的是对具体的肌肉群达到明显的作用。不论某肌肉群的力量如何低下，只要对他的发展有明确目的的经常性的训练，就会达到提高能力的目的。

（2）沿崎岖不平的地形运动。越野滑雪运动员在训练的初期，为了达到体力训练的任务，可按预先指定的地形进行走步和跑步的训练，这些运动用3步/秒的步频完成。但是，这样的运动结果与滑雪的实际情况有明显的区别。为了提高耐力素质，采用负重走和跑，但要坚持循序渐进的原则，逐渐加大运动负荷，教练员应加强运动员的心理素质和生理机能的指标跟踪。培养运动员克服困难和战胜困难的信心和勇气。

（3）有明确目的的速度力量训练的其它形式。做为速度力量训练的方法可采用很多形式的运动。更明确的说，像划船和游泳这些项目，对手臂、脚及腰、腹部肌肉力量的发展是很有帮助的辅助训练，为运动员创造良好的条件。上述运动是发展力量的前提。伴有手脚关节在内的完成大幅度运动的体操训练。对运动员在训练的间歇期间广泛的采用体操练习是必要的运动。游戏在越野滑雪中占有重要的位置。就运动游戏来说，不间断的交替、最大限度的爆发力和最大加速度的游戏。类似对速度力量训练方面起作用的游戏可以采用。增加趣味刺激减轻心里负荷。

2. 专项速度耐力训练

（1）徒步模仿。徒步模仿运用于强度不大的训练中，坡度步长大约一半时，移动速度通常不超过 2.5 米/秒。对于高级别的越野滑雪运动员来说，徒步模仿的效果是不大的。对初学者，特别是在多次进行陡坡上坡模仿的训练效果是明显的，这是无雪季节进行专项训练的最基本的训练方法。

（2）持杖模仿。根据越野滑雪的技术特点，选择具有平地和上坡的有利地形，改进和提高技术动作，达到标准的动力定型，同时对发展肌肉群的作用是很明显的。首先的对大肌肉群的作用是很强烈的。采用持杖模仿训练通常是在难度较大的场地上进行，不仅能提高力量，而且对发展专项速度的影响也是很大的。

（3）滑轮。与用滑雪板的滑雪类似运动相比，具有同滑轮一样的从属关系，这个从属关系对高水平的运动员是可以借鉴的，同时指出运动速度还取决于滑动的条件。滑轮与柏油路面的良好接触，以及高质量的滚动都说明了它们之间的速度差异。在坡度不大的平地上运动时，滑轮与滑雪的速度，步长和步频的差倒是不太大的。采用 5 度以上的坡进行适当的训练是必要的，必须进行越野滑雪两种步法，即传统式的交替训练，并且用高速滑行，这是巩固和提高技术的关键。在场地的选择上，应避免过长的上坡，上坡的长度不超过 300 米，高度不能超过 50 米，参考方案：缓坡占 50%，平地占 35%，陡坡占 15%，训练路线地形应比通常的地形更加起伏，落差不超过 20 米，对不同级别的运动员预先规定的滑轮路线，必须有不同难度的回转道。

（4）模拟滑雪训练。采用模拟滑雪对力量训练，特别是在滑雪条件不好的时候和推迟滑雪期间是很有益处的。模拟滑雪训练有很多种，它的主要缺点是滑行不太好，在大强度的训练时，速度不高。在模拟滑雪时，脚和手用力一推的力量比滑雪明显的增加，它的训练量在无雪时期占周期性训练总量的 5%。

（5）滑雪训练。雪上训练对发展越野滑雪运动员的速度耐力是必须的，滑行的条件不同运动速度的增长也就不同。其中包括用高于比赛速度的 5%～11% 在 1～2 度的坡度训练。在负荷量降低或在增加休息时间以后，在某些地段上用比赛速度的 100%～105% 进行训练。用这个大于比赛的速度克服一系列短地段上的各种陡坡，再用大于比赛速度滑行的总负荷量大约占滑雪训练总量的 5%。在赛季，在比较容易的路线上，每次训练不应少于 5～7 次的高速，目的是为了在一系列的竞赛中的部分段路上用最大速度滑行。第一次降雪后，应在坡度不大的上坡进行训练。在部分平地上的训练量不应少于 40%。用滑雪板滑雪时，应特别注意手和脚的撑力。

上述所指出的部分方法是可以改变的，这取决于所给的任务。但必须对训练的全部阶段进行改变，滑雪的痕迹，对训练应是个很好的证据。未经训练的痕迹想维持高速度的滑行是不可能的。对运动速度，步幅和步频需要经常的检查。越野滑雪运动员的速度耐力，仅在所采用的训练总量达到足够量时才能得到发展。

单板滑雪的日常训练

制定全年的训练计划，会使你在雪道上表现得更好，让你的状态保持得更长。这部分介绍一些练习和训练可以帮助你的身体更好的适应这项运动。

单板滑雪是一项既有趣又刺激的运动。正因为它致命的吸引力，每年滑雪的人数都以非常快的幅度增长。它已经成为最受欢迎的雪上运动之一。

不过，只有在你的身体条件适合做这项运动时才能享受到其中的乐趣。虽然单板滑雪没有年龄限制，但在真正滑之前你需要做大量的工作。训练可以有效防止受伤，让你的滑行时间更长且不觉疲惫，最终让你的单板水平得到快速精进。

此外，训练还能有助于适应各类雪道和不平坦的地形。下面是一些能让你的身体达到符合这项运动要求的练习和做法。

1. 单板滑雪是大运动量的活动，所以需要密切注意你的肌肉群，特别是下半身。抬腿，弓步，举小腿和下蹲练习能增强腿部肌肉和柔韧性，提高肌肉力量和耐力。

2. 你的身体要具有柔韧性，这样才能在肌肉不劳损和受伤的前提下做出扭转、旋转和各种技巧。拉伸练习可以针对你的腿筋，腹部，臀部和小腿增强柔韧性。瑜伽和体操也有助于让身体变的柔软和加强平衡感。

3. 你还可以考虑在冬季之外的其他季节玩滑板和冲浪。一般来说，进行这两项运动所用到的肌肉与单板滑雪用到的肌肉是相同的。

4. 走步，游泳，以及跑步等速度训练都是能增强心肺功能的不错方式。提高心肺功能的耐力，能让你滑雪的时间更久。

5. 蹦床是另一种特别针对单板滑雪的有效训练方法。它能锻炼平衡感，增强腿部肌肉力量。

让我们充分利用每分每秒，获得更多的单板滑雪体验，而不是拖着酸痛的双腿，只滑了几分钟就上气不接下气。只要全年进行有效的身体训练，你一定会发现自己的技术、耐力都得到很大的提高。

滑雪前必做的几项运动

腹部训练

1. 锻炼理由：腹部是身体的核心肌肉群，是人体上半身和下半身的枢纽部位，做任何事情都需要用腹部的力量。腹部是人体非常重要的核心部位，滑雪也不例外。而且滑雪对平衡性、协调性要求很高，有力量的腹部是控制运动的关键。

2. 动作要领：身体俯卧，双腿伸直，用手臂和腹部力量使身体成一条直线，即肩部、腹部、臀部、脚跟，身体重心在腹部。注意不要抬起臀部。

大 腿

1. 锻炼理由：滑雪对腿部力量要求高，滑行时有80%的力量靠大腿，大腿主要是保持身体的平衡和整个运动的力量。

2. 动作要领：

（1）收腹，抬头挺胸，目视前方，身体保持垂直状态，左脚和右脚在行走时尽量拉开步子，保持一米左右的距离，身体重心在腹部。注意弯曲的膝关节不能超过脚尖。

（2）一只手扶在墙面上，找到身体平衡感。一条腿抬起，吸气，让膝关节与臀部成一条直线，然后把小腿再伸出去，同样保持一条直线，以提高运动的强度，慢慢还原，吐气。

手　臂

1. 锻炼理由：滑雪杖起到在运动中平衡身体的作用，而使雪杖发力的是双臂，用手臂的力量来推动身体前行，所以手臂的力量也非常重要。

2. 动作要领：

（1）手握哑铃或重物，肘关节成 *90* 度，让双臂以肩为轴慢慢运动至与肩平行，注意不要耸肩，用肘部力量带动手臂运动。

（2）手握重物，肘关节成 *90* 度，用肘部力量带动手臂向内水平运动，保持肩部放松。

臀　部

1. 锻炼理由：在滑雪运动中，主要的重心都是在下半身，尤其是臀部，有力量的臀部可保持身体的稳定性。

2. 动作要领：

（1）收腹，抬头挺胸，目视前方，身体微屈而不是前倾，让身体慢慢做下沉运动，吸气。臀部下沉最低要与膝关节保持在同一直线，不要低于膝关节，再慢慢还原，吐气。整个过程感觉肌肉收缩，放松。

（2）双脚并拢是基础训练；双脚分开并与肩同宽，可增加运动的强度。

小　腿

1. 锻炼理由：剩下 *20%* 的力量来自小腿，主要是用于"刹车"。如果小腿力量不够，碰到需要"刹车"情况，可能会导致小腿抽筋。

2. 动作要领：双手扶在墙面上，保持前脚掌着地，慢慢抬起脚后跟儿，并且尽可能地抬高，这样坚持 *10* 秒钟之后再缓慢放下。在整个练习过程中尽量使你的腿保持伸直，膝盖要稍稍弯曲，以增加难度。

TIPS：

1. 滑雪运动对心肺功能要求很高，因此有氧训练必不可少。

2. 滑雪时很容易忽略补水，在运动过程中要经常性地喝水，如果口渴表明已严重缺水。

3. 锻炼顺序遵守先大肌肉群后小肌肉群的原则。

4. 每个动作后休息两三分钟。

5. 在滑雪前的三周开始进行全面的肌肉训练。

6. 每个动作做三组至四组，每组 10 次至 15 次。

双板滑雪之横滑降练习技巧

1. 横滑降的含义。横滑降（横板滑降）是指双雪板横在山坡上，与滚落线大致垂直，沿着滚落线的方向，自上而下的滑降。横滑降技术是高山滑雪基本功练习的主要内容。

2. 横滑降的应用范围。

（1）掌握通过板刃的调解，对速度和方向进行控制的能力。

（2）在陡坡光面的滑雪道上，其他滑行方法有困难时，可采用横滑降技术。

（3）身体反倾、反向、反弓姿势的体会。

3. 横滑降的动作要领。

（1）呈"坡面穿雪板站立姿势"，两板尽量平行靠近，山上板也可稍前。

（2）身体侧对滚落线方向，与斜滑降比较上体有更大的向山下扭转的感觉。

（3）双腿基本直立，由双雪板山上侧立刃刻住雪面，通过调整雪板立刃角的大小及放平来增减下滑的速度。加大立刃时减速，放平雪板时速度增快。

（4）滑雪杖基本不用，当横滑速度太慢时，可用雪杖放于上侧推助或支撑。

（5）眼睛向山下侧看。

（6）横滑时的重心变化很频，要及时调整。

（7）雪板前部用力大些，雪板向前下方滑动；雪板后部用力大些，雪板向后下方滑动。

4. 横滑降的练习方法。

（1）在较缓的坡上进行匀速横滑降练习。

（2）在中等坡上进行斜滑降过渡到横滑降或两者互换的练习。

（3）在中等坡上进行两板交换承重的练习。

（4）试用一只雪板的横滑练习。

（5）在中坡上横滑时做连续用双板后部或雪板前部同时推雪动作的练习。

（6）在中缓坡上或凹凸坡上进行直滑行、斜滑降和横滑降综合练习。

5. 横滑降的注意事项。

（1）横滑时先慢后快，先易后难。

（2）在较陡的坡面练习横滑时，尽可能控制住速度。

（3）滑雪板与滚落线不垂直，双雪板不平行，雪板立不住刃，甚至向山下反向屈膝，雪杖不提起甚至"打架"等动作都是不正确的。

平行直滑降练习技巧

1. 双板平行直滑降的含义。双板平行直滑降简称为直滑降。双雪板呈平行状态，雪板底面与雪面吻合，与滚落线方向相同，至上而下滑行。直滑降的技术重点是用腿部的屈伸调解并保持正确的滑行姿势。

2. 双板平行直滑降的应用范围。

（1）直滑降是高山滑雪的主要基本技术，贯穿于高山滑雪的所有技术系列中。

（2）适合于各种坡度、各种雪质、各种地形中的滑行。

（3）应用于比赛中。

（4）通过直滑降的练习，可为滑雪奠定技术基础，掌握基本滑行姿势。还可提高平衡能力、控制能力、适应速度能力以及增强兴趣、增强信心。

3. 双板平行直滑降的动作要领。

（1）在平地上呈滑雪基本姿势。

（2）由于滑雪起点的地形不同，开始滑行时的方式也有差异。

（3）保持住基本姿势，全身放松，依靠重力下滑，体态左右对称，重心在两板中间。

（4）保持双雪板平行，板面与雪面吻合。双脚用力匀等，踏实雪板。

（5）双膝始终要切实前顶，富有弹性，不要僵直，时时发挥其缓冲及调整的功能。

4. 双板平行直滑降的姿势。

（1）双板平行直滑降是基本常用的，带有基础性质的基本姿势。普遍适用于低速、缓坡中，是初学者及初级者入门的基础姿势，应扎实掌握。

（2）中姿势，可以理解为双板平行转弯点杖的姿势，进入中级滑雪行列的必然姿势，广泛应用在中速及较陡坡的场地中。

（3）运动员（流线型）姿势，属于低姿势，风阻小，适用于快速、加速与比赛中。大众滑雪者在用卡宾技术进行回转练习时，也采用近似的姿势。

5. 双板平行直滑降的练习方法。

（1）首先选择起点平坦，能稳定站住的地方开滑，终点能自然停住的场地练习。

（2）在坡度小的场地上进行高、中、低三种姿势变换的滑行。

（3）通过膝踝部的伸屈进行重心上、下起伏及小跳起的练习。

（4）通过顶住双膝，上体前倾与后撤的变化进行重心前后移动的练习。

（5）两板轮换承重滑行的练习。

（6）双雪板同时立起内刃或外刃的滑行练习。

（7）雪板侧向迈动的滑行练习。

（8）在缓坡中，进行上体左右扭转（外向）的练习。

（9）最后在不同坡度、地形、雪质中运用不同的速度进行综合滑降训练。

6. 直滑降的注意事项。

（1）时时要保持住滑降的基本姿势及雪板运行的直线性。

（2）在练习中要注意体会重心上、下、左、右、前、后移动时对雪板产生的影响及掌握对雪板的控制方法，防止一味追求速度的倾向。

（3）注意在中坡上起滑时的突然加速造成的重心落后而摔倒。

（4）在雪坡、雪质的选择上必须循序渐进，由易到难。

（5）在滑行练习中时时注意放松，防止动作紧张、僵硬。

（6）膝部屈伸动作是保持正确动作的关键，必须给予重视并加强对膝部屈伸动作的练习。

（7）膝部僵直、弯腰、后坐、双板不平行、目视脚下、体态不对称都是滑降易犯的技术错误。

第三章

雪橇运动的竞赛与裁判

1. 雪橇运动概述

雪橇运动的起源

雪橇是雪上运动器材。用木料或金属制成。种类繁多，一般有无舵、有舵、单橇、宽橇、骑式、卧式、连模、牵引、电动、风帆等类型。目前冬季奥林匹克运动会只采用无舵雪橇（亦称"运动雪橇"或"单雪橇"）和有舵雪橇进行竞赛。

无舵雪橇为木制，底部滑板为金属。一对平行的滑板宽不超过45厘米。滑板前翘都允许保持一定的弹性，但不得装操纵滑板的舵和制动器。单座重不超过20千克，双座重不超过22千克。

有舵雪橇用金属制成，前部是一对活的舵板，其上部与方向盘相接。并装有固定的流线型罩。尾下部安装刹车制动器。双人雪橇长270厘米，宽67厘米，包括人的体重不超过375千克。四人雪橇长380厘米，宽67厘米，包括人的体重不超过630千克。如重量不足，可携带其它加重物给予补足。

雪橇起源于北欧，又称北欧冰橇。

1883年2月12日，瑞士人皮特和澳大利亚人乔治联手进行了一次"伟大的国际冰橇比赛"，他们用时9分15秒滑过在瑞士达沃斯4公里的赛道。随后这个运动在瑞士、奥地利、德国、意大利以及美国等国家迅速兴起。

1887年瑞士圣莫里茨地区的机械专家马蒂斯设计制作了世界上的第一个比赛冰橇。自20世纪50年代始，随着无舵雪橇的兴起，冰橇逐渐被淘汰。冰橇滑降时，运动员头在前，俯卧在冰橇上，利用安装在专用皮靴前部的防滑钉控制冰橇的运动方向或制动。仅在1928年和1948年被列为冬奥会比赛项目。

现在的雪橇比赛中，选手的速度可以达到每小时140公里或者更大，其离心力超越5G。

雪橇最初为木制，后发展成用金属制作。1884 年英国举行首次雪橇公开赛。1924 年被列为首届冬奥会比赛项目，分有舵雪橇和无舵雪橇两种类型。

比赛时要求运动员乘坐木制或金属制的双橇滑板在专用的冰雪线路上高速滑降、回转。运动员坐在雪橇上，双手借助起点助栏用力向后推而使雪橇起动。在滑行过程中，运动员仰卧在雪橇上，单手拉住雪橇皮，带利用身体姿势的改变，操纵雪橇，使之沿着冰道快速滑降。到达终点时，运动员须在雪橇上，否则成绩无效。由于线路多为 S 形的弯道，加之速度极高，滑行过程惊险刺激。和雪橇相似的比赛项目还有雪车。

目前冬季奥林匹克运动会只采用无舵雪橇（亦称"运动雪橇"或"单雪橇"）和有舵雪橇进行竞赛。冬季奥运上的有舵雪橇小项中的雪橇长度不得超过 2.7 米，宽度不得多于 0.67 米，滑橇板宽度 8 毫米，在雪橇滑行时，雪橇的重量不得高于 375 公斤。

当中，运动员在一次比赛中要滑行 4 次，分两天比赛，每次滑行两次，首轮的出发次序是以抽签决定。之后的出场名次是按上一轮成绩而定，最差的一组会先出发。在 4 轮完毕后，会以 4 次的滑行到达终点的时间累积，得到最终的成绩，数字愈低，则为排名愈高。若出现相同时间，则会以任何一次最快时间完成的一队为优胜。

有舵雪橇运动

有舵雪橇又称为"长雪橇"，是一种以舵和方向盘控制的集体冬季运动项目，它的平均速度可达 90 公里至 100 公里，最高可达至 120 公里，而其雪橇是由金属制成。

有舵雪橇的历史

有舵雪橇的起源说法不一，有的说是源于 18 世纪后期的英国，在当时，有英国人把平底的雪橇安装了车板，后来，新的雪橇安装了金属舵板和制动闸，成为了有可能是历史上首辆的有舵雪橇。另外的一个说法是起源 19 世纪末的瑞士，但后来证明了早在 1880 年左右，美国的纽约州就已经出现木制雪橇赛跑的纪录。

而有舵雪橇与跳台滑雪一样，都是于第一届冬季奥运中成为了正式的比赛项目。现时，有舵雪橇在冬季奥运中设立三个小项，包括男子双人、男子四人及女子双人小项。在首两届的冬季奥运中只设男子四人小项，美国宁静湖冬季奥运中新增了男子双人小项，后来的美国盐湖城冬季奥运中，女子双人小项成为了其中一项有舵雪橇项目的小项之一，而美国的 Vonetta Flowers 成为了第一位赢得冬季奥运的非裔美国人。雪橇运动分为有舵雪橇和无舵雪橇。有舵雪橇出现在 18 世纪 80 年代。当时，有个美国人达乌先达把两个单人雪橇用木板钉在一起，前面的用来控制转弯，雪橇从山上延雪道滑下后，引起了人们的极大兴趣，这就是有舵雪橇的前身。

　　无舵雪橇出现得较晚。随着雪橇运动的发展，1948 年英国的滑雪者别出心裁地进行了单人雪橇的滑跑，直到 1964 年，无舵雪橇才基本定型。在第九届冬季奥运会上，这个项目被列入正式比赛项目，男女分别进行。雪橇运动从 18 世纪起，流传于北欧各国。1923 年成立了世界雪橇运动联合会，至今已有几十个成员国。

　　从 1924 年第一届冬季奥运会开始，历届都把有舵雪橇列为正式项目。从 1932 年的第三届冬季奥运会开始，又增加了男子双人有舵雪橇比赛项目，由于场地条件等情况不完全一致，所以，这项运动没有世界纪录。

　　有舵雪橇与冬奥会

　　有舵雪橇于 1924 年成为了冬季奥运的正式项目后，只有 1960 年冬季奥运因场地关系而被列出比赛项目之外，几乎每届的冬季奥运都设有此项目，当中的小项有男子双人、男子四人及女子双人小项。

　　有舵雪橇的分类

　　1. 双人赛。冬季奥运上的有舵雪橇小项中的雪橇长度不得超过 2.7 米，宽度不得多于 0.67 米，滑橇板宽度 8 毫米，在雪橇滑行时，雪橇的重量不得高于 375 公斤。

　　当中，运动员在一次比赛中要滑行 4 次，分两天比赛，每次滑行两次，首轮的出发次序是以抽签决定。之后的出场名次是按上一轮成绩而定，最差的一组会先出发。在 4 轮完毕后，会以 4 次的滑行中到达终点的时间累积，得到最终的成绩。数字愈低，则为排名愈高。若出现相同时间，则会以任何一次最快时间完成的一队为优胜。

2. 四人有舵雪橇。四人赛所使用的雪橇最长的最高上限为 3.8 米，宽 0.67 米，滑橇板最小宽度是 12 毫米，在雪橇滑行时，雪橇的重量不得超于 375 公斤的重量。

当中，四人赛的运动员与双人赛的运动员相同，都是于一次比赛中要滑行 4 次，分两天比赛，每次滑行两次，首轮的出发的次序以抽签决定。之后的出场名次是按上一轮成绩而定，最差的一组会先出发。在 4 轮完毕后，会以 4 次的滑行中到达终点的时间累积，得到最终的成绩，数字愈低，则为排名愈高。若出现相同时间，则会以任何一次最快时间完成的一队为优胜。

项目规定

有舵雪橇服装包括比赛服，护肩、护肘、头盔和专用靴钉。靴钉为刷型并均匀分布于靴底。靴钉的长度不超过 14 毫米，间隔不超过 3 厘米。

比赛规则规定：2 人座有舵雪橇长不得超过 2.70 米，宽 0.67 米，滑橇板宽度 8 毫米；4 人座有舵雪橇最长 3.80 米，宽 0.67 米，滑橇板最小宽度为 12 毫米。2 人座有舵雪橇比赛时，总重量不得超过 375 公斤。4 人座有舵雪橇总重量不得超过 630 公斤，不足重量可携带其他加重物补足。滑道全长 1500 米，平均坡度为 4°30′，最大坡度为 8°30′。弯道部分的半径必须在 20 米以上，滑道的护墙最少不得低于 50 厘米。比赛分双人座和四人座两项。每赛次滑行 4 次，以 4 次比赛的累计时间计算成绩，时间少者名次列前。遇两队时间总和相等时，以任何一次最少时间的队为胜。

有舵雪橇的比赛场地

有舵雪橇的滑道是以混凝土或以木材所建成，宽度为 1.4 米，两侧均为护墙，护墙内侧高 1.4 米，外侧高 2～7 米。滑道及两侧的护墙均需浇冰，比赛线路长度为 1500 米，全程最少有 15 个弯道，最多为 20 个，弯道的半径最低下限为 20 米，其滑道的平均坡度为 4°30′～8°30′，而起点至终点的高度差异是 100～150 米。

项目轶事

美国人伊根于 1920 年夏季奥运中赢得 7 项拳击项目的金牌，后来于 1932 年的冬季奥运中夺得有舵雪橇项目的金牌，是 20 世纪中唯一一位曾于夏季奥运和冬季奥运都获得金牌的运动员。

由于有舵雪橇和无舵雪橇项目的器材较昂贵，在早期的冬季奥运中通常只有欧洲的发达国家参与，在奥地利冬季奥运中，东德赢得了所有小项的金牌。

无舵雪橇运动

无舵雪橇，也称平底雪橇、运动雪橇或短雪橇。是雪橇运动项目之一。一种仰面躺在雪橇上，双脚在前，通过变换身体姿势来操纵雪橇高速回转滑降的运动。雪橇为木制，底面有一对平行的金属滑板。滑板不得装置能操纵滑板的舵和制动器。男、女单人项目比赛每队限报 3 人，每名运动员可滑行 4 次，以 4 次滑降时间总和计算名次，少者为胜。双人项目比赛时每队不得超过两名运动员，每名运动员可滑行两次，以两次滑降时间总和评定名次，少者列前。

雪橇全长为 70 ~ 140 厘米，宽为 34 ~ 38 厘米，高为 8 ~ 20 厘米。雪橇为木制，底面有一对平行的金属滑板，宽不超过 45 厘米。雪橇前部没有舵板，后部也没有制动闸。滑板上部为支架。滑板前面翘起部分可有一定柔软性，以利转弯，但不准装置能操纵滑板的舵和制动器。单座重量 21 ~ 25 公斤，双座 25 ~ 30 公斤。比赛分男子单座、男子双座、女子单座三项。比赛时运动员坐在雪橇上，双手借助起点助栏用力向后推，使雪橇向前起动。滑行中仰卧在雪橇上，单手拉住雪橇皮带利用身体起卧，变换肩、腿姿势操纵雪橇，使之沿着冰道快速滑降。选手可选择最理想的线路前进，以尽可能的减少比赛用时。到达终点时，运动员须坐在雪橇上，否则不予计算成绩。比赛中平均时速可达 130 公里（80 英里），最快时速可达 145 公里（90 英里）。单座滑 4 次，赛期为两天；双座滑 2 次，赛期为一天。比赛所用时间相加，均以时间少者为胜。成绩相等时，以各次滑降中成绩最好者为胜。出发顺序由抽签决定。

据记载，早在 1480 年挪威就已出现无舵雪橇。1883 年瑞士在达沃斯举行了世界上第一次无舵雪橇比赛。1889 年德国成立无舵雪橇俱乐部。有男子单人、双人和女子单人 *3* 个比赛项目。*1957* 年国际无舵雪橇联合会正式成立，决定从第 *9* 届冬奥会开始进行无舵雪橇比赛，在非冬奥会年份，每年举行世界锦标赛、欧洲锦标赛及各种杯赛。无舵雪橇有男子单人、双人及女子单人 *3* 个比赛项目。男子线路长 *1000* 米左右，女子线路长 *800* 米左右。*1964* 年在第九届冬季奥运会中被列为正式比赛项目。

无舵雪橇滑道，以混凝土或木材为基础砌成槽状的滑道，与雪车和俯式冰橇比赛的比赛轨道相同，只是起点比另外两个项目更远一些。

2006 年都灵冬奥会设男女单人和男子双人三枚金牌。

无舵雪橇的历史

无舵雪橇的存在历史比有舵雪橇早得多，它于 *8* 世纪初的奥斯陆就有类似雪橇的运输工具存在。而历史上首次正式的国际雪橇比赛是在 *1883* 年的瑞士举办，当时来自欧洲与澳大利亚的运动员要利用雪橇滑行 *4* 公里，最终的胜利者是一队澳大利亚组合。后来于 *1913* 年，国际雪橇联合会成立。

而无舵雪橇在奥地利冬季奥运中成为了正式的比赛项目，包括男子单人、双人与女子单人小项，双人小项最近无分性别，但由于一直以来只有男性参加，因此久而久之成为了男子双人小项。在整个冬季奥运的无舵雪橇项目中，德国、意大利和苏联是该项目的大赢家，它们都夺得过半的无舵雪橇中的奖牌。

比赛场地

无舵雪橇的滑道以混凝土或木材所建成，滑道宽 *1.3* 至 *1.5* 米，两侧的护墙要浇冰，男子比赛线路长度为 *1000* 至 *1400* 米，比赛线路长度为女子 *800* 至 *1200* 米，滑道内有 *11* 至 *18* 个弯道，弯道的半径 *8* 米，平均坡度为 *4* 至 *10* 度，男女没有分别，在滑道内，起点与终点的高度差异为 *70* 至 *130* 米。

无舵雪橇与冬奥会

无舵雪橇在奥地利冬季奥运会中成为了正式的比赛项目，至今已设有男子单人、男子双人与女子单人三个小项。比赛用的雪橇以木制，它的前部没有舵板，在后部也没有制动闸，只于底部有一对用以平衡的金属滑板，宽 *34* 至 *38* 厘米、高 *8* 至 *20* 厘米、长 *70* 至 *140* 厘米。而由于雪橇没有方向盘，因此无舵雪橇比有舵雪橇更难操控。

在比赛开展时，运动员坐在雪橇上要借双手的力把雪橇于起点推动，到达终点后，运动员仍要在雪橇之上，否则成绩不会计算在内。

无舵雪橇的分类

1. 男子、女子单人赛。单人赛的赛事中，所用的雪橇重量不可超于 *20* 公斤。当中，单人赛会进行两日的赛事，每日进行两次的滑行，首次的出发名次以抽签决定，及后的出场次序以成绩定断。在四次的滑行中所得时间会合计起来，所有时间最短的一队为优胜，如若成绩相同，则会以任何一次最快时间完成的一队为优胜。

2. 双人赛。双人赛方面，雪橇重量的最高上限为 *22* 公斤，赛事为期一天，进行两次的滑行，赛事第一次的出发名次以抽签决定，之后的出场次序会以成绩决定。在两次的滑行中所得时间会合计起来，所有时间最短的一队为优胜，如若成绩相同，则会以任何一次最快时间完成的一队为优胜。

都灵冬奥会项目之无舵雪橇

无舵雪橇是世界上最早的冰上滑行运动器械。十九世纪末期，无舵雪橇在瑞士的小城圣莫里茨出现。*1884* 年举行了第一次无舵雪橇的比赛，参赛者在公路上滑行，从圣莫里茨滑向塞勒里纳，胜利者获得一瓶香槟酒。*1887* 年，无舵雪橇的比赛正式采用现在通用的俯卧姿势。*1892* 年，无舵雪橇才正式得名，当时人们制造了一种主要由金属组成的无舵骨架雪橇，大家觉得它类似人类的骨骼形状，于是也叫它是骨架雪橇。*1923* 年，国际有舵雪橇和平底雪橇联合会成立。三年之后，有舵雪橇和骨架雪橇都成为奥运会的正式项目。

该种雪橇由于运动速度极快，危险性巨大，在冬奥的发展历史始终不顺利，直到 *2002* 年冬奥会，无舵雪橇也不过才第 *3* 次成为奥运比赛项目。在 *1928* 年和 *1948* 年的冬奥会上，由于比赛都在圣莫里茨举行，也就是无舵雪橇的诞生地，该项赛事才享有参加的殊荣。

项目介绍

一种乘坐（卧）在雪橇上，通过变换身体姿势来操纵雪橇高速回转滑降的运动。雪橇全长为 *70 ~ 140* 厘米，宽为 *34 ~ 38* 厘米，高为 *8 ~ 20* 厘米。雪橇为木制，底面有一对平行的金属滑板，宽不超过 *45* 厘米。雪橇前部没有舵板，后部也没有制动闸。滑板上部为支架。滑板前面翘起部分可有一定柔软性，以利转弯，但不准装置能操纵滑板的舵和制动器。单座重量不准超过 *20* 公斤，双座不准超过 *22* 公斤。比赛分男子单座、男子双座、女子单座三项。比赛时运动员坐在雪橇上，双手借助起点助栏用力向后推，使雪橇向前起动。滑行中仰卧在雪橇上，单手拉住雪橇皮带利用身体起卧，变换肩、腿姿势操纵雪橇，使之沿着冰道快速滑降。到达终点时，运动员须坐在雪橇上，否则不予计算成绩。单座滑 *4* 次，赛期为两天；双座滑 *2* 次，赛期为一天。均以时间少者为胜。成绩相等时，以各次滑降中成绩最好者为胜。出发顺序由抽签决定。

无舵雪橇比赛设施

以混凝土或木材为基础砌成槽状的滑道。道宽 *1. 30 ~ 1. 50* 米，滑道两侧的护墙均需浇冰。比赛线路长度男子 *1000 ~ 1400* 米，女子 *800 ~ 1200* 米。全程设 *11 ~ 18* 个弯道，弯道的半径为 *8* 米。滑道的平均坡度男女相同，为 *4° ~ 10°*。起点与终点的高度差为 *70 ~ 130* 米。

都灵冬奥会设男女单人和男子双人三枚金牌。中国未派选手参加。

雪车运动

雪车运动的由来

雪车，是一种集体乘坐雪橇，利用舵和方向盘控制在人工冰道上滑行的运动。*1924* 年在第一届冬季奥运会中被列为正式比赛项目。雪车用金属制成，形如小舟，车首覆有流线型罩。车底前部是一对舵板，上与方向盘相接，车底后部为一对固定平行滑，车尾装有制动器。

当前冬奥会比赛项目雪车，即指原来的有舵雪橇与平底雪橇项目。原来的国际有舵雪橇与平底雪橇联合会，现称为国际雪车联合会。以下沿用雪橇旧称介绍。

有舵雪橇也称"长雪橇"，为雪橇运动项目之一，是一种集体乘坐雪橇，利用舵和方向盘控制在人工冰道上滑行的运动。*1924* 年在第一届冬季奥运会中被列为正式比赛项目。雪橇用金属制成，形如小舟，橇首覆有流线型罩。橇底前部是一对舵板；上与方向盘相接，橇底后部为一对固定平行滑板。橇尾装有制动器。

1883 年英国人把平底雪橇装上了橇板。第二年举行了公开比赛，吸引了许多人参加。1890 年，爱好者们又制成装有金属舵板和制动闸的雪橇，称有舵雪橇。

1898 年 1 月在克雷斯特朗又有 4 人座有舵雪橇问世。克雷斯特朗的滑道是自然雪道，因雪橇下滑速度不断增大，常常发生出辙、翻车等事故，因此人们逐渐想出在陡坡上多修转弯道的办法，以求减速，并把雪道表面冻成冰面，雪道两侧加护墙。在这样的雪道上滑降，平均时速可达 90 ~ 100 公里，最高可达 120 公里。

1903 年第一条人工有舵雪橇线路在圣莫里茨建成。最初的雪橇乘员为 5 人，其中男子 3 人，女子 2 人。到 20 世纪初规则规定只允许男子参加，乘员人数由 5 人减到 4 人。

国际有舵雪橇和平底雪橇联合会成立于 1923 年 11 月。初期还包括无舵雪橇运动，直至 1957 年无舵雪橇运动才单独分出，另成立国际无舵雪橇联合会。女子比赛则开始于 2002 年盐湖城冬奥会。

无舵雪车运动

无舵雪车也称"运动雪橇"或"单雪橇"。一种乘坐（卧）在雪橇上，通过变换身体姿势来操纵雪橇高速回转滑降的运动。雪橇前部没有舵板，后部也没有制动闸。滑板上部为支架。滑板前面翘起部分可有一定柔软性，以利转弯，但不准装置能操纵滑板的舵和制动器。单座重量不准超过 20 公斤，双座不准超过 22 公斤。

比赛分男子单座、男子双座、女子单座三项。比赛时运动员坐在雪橇上，双手借助起点助栏用力向后推，使雪橇向前起动。滑行中仰卧在雪橇上，单手拉住雪橇皮带利用身体起卧，变换肩、腿姿势操纵雪橇，使之沿着冰道快速滑降。到达终点时，运动员须坐在雪橇上，否则不予计算成绩。单座滑 4 次，赛期为两天；双座滑 2 次，赛期为一天。均以时间少者为胜。成绩相等时，以各次滑降中成绩最好者为胜。出发顺序由抽签决定。

无舵雪车运动的冰道最短不能短于 1200 米，上坡长度约占冰道总长度的 12%，整个冰道时直时弯，使该项运动充满刺激。冰道的尾部是一个上坡，以便选手们停下。

无舵雪车最早流行于北欧。第一个比赛用车于 1887 年由瑞士圣莫里茨地区的机械专家马蒂斯设计制造。用两根滑铁和一个木材结构并用铅块加重的橇架组成，滑铁固定在橇架的底部。20 世纪初，橇架改用铁制，用直径 1.5~2 厘米的圆铁弯制焊接而成。整个冰橇重量不得超过 50 公斤，长不得超过 70 厘米，宽不得超过 38 厘米。比赛时对场地要求十分严格，线路设计必须符合北欧古代"十"字形字母。其长度为 1214 米。起点和终点的高度差为 157 米。全程设有 10 个转弯处。于 1928 年，1948 年两次被列为冬奥会正式比赛项目。

1957 年国际无舵雪橇联合会正式成立，决定从第 9 届冬奥会开始进行无舵雪橇比赛，在非冬奥会年份，每年举行世界锦标赛、欧洲锦标赛及各种杯赛。无舵雪橇有男子单人、双人及女子单人 3 个比赛项目。男子线路长 1000 米左右，女子线路长 800 米左右。1964 年在第九届冬季奥运会中被列为正式比赛项目。无舵雪橇滑道无舵雪橇比赛设施，以混凝土或木材为基础砌成槽状的滑道，道宽 1.30~1.50 米，滑道两侧的护墙均需浇冰。比赛线路长度男子 1000~1400 米，女子 800~1200 米。全程设 11~18 个弯道，弯道的半径为 8 米。滑道的平均坡度男女相同，为 4°~10°。起点与终点的高度差为 70~130 米。

钢架雪车运动

钢架雪车又称无舵雪车、俯式冰橇，是在传统雪车的基础上延伸出来的一种运动项目。

钢架雪车在 19 世纪发源于瑞士山区的小城圣莫里茨，有可能是第一项滑溜项目。第一次的钢架雪车比赛在 1884 年举行，参赛者是在结冰的道路上举行比赛，从圣莫里茨滑到塞勒里那，获胜者得到一瓶香槟当做奖赏。1887 年开始出现类似现在这种俯卧式的雪车姿势，1892 年正式定名为 Skeleton，因为这种雪车的造形类似人体的骨架，也称骨架雪车。

钢架雪车项目曾于 1928 年瑞士圣莫里茨奥运会上进行过比赛，分为男、女各一项比赛。直到 20 年之后，圣莫里茨再度举办冬奥会，又把钢架雪车列入比赛项目。可是钢架雪车项目因危险性较高，因此1948 年冬奥会之后，又被取消，从此中断了在奥会比赛项目的历史。直到 2002 年的盐湖城冬奥会，才又再度成为冬奥会的比赛项目。前两届的比赛，只有男子组，盐湖城冬奥会加进了女子组的比赛。

钢架雪车器材

钢架雪车最初是以金属制作的，现在多为玻璃纤维和金属合成品。比赛中两轮必须使用同一辆雪车，如果在比赛中雪车损毁，可以借用雪车比赛，但必须报准后方可使用。雪车长度在 80 ~ 120 厘米，高度为 8 ~ 20 厘米。

男子比赛使用的钢架雪车，规定重量不得超过 43 公斤，雪车和选手加起来重量不得超过 115 公斤。如果雪车和选手加起来重量超过 115 公斤的话，雪车重量不得少于 33 公斤。

女子比赛中，雪车不得超过 35 公斤，雪车和选手加起来重量不得超过 92 公斤，如果雪车和选手加起来重量超过 92 公斤，那么雪车不得少于 29 公斤。

如果重量不足，可以在雪车上增加重物，但不得在选手身上放置重物。雪车与地面接触的雪板部分，必须以钢材制成，上面不能有任何涂装。在比赛前选手将雪车送到起点，经检查之后，到比赛时雪和雪板温度与送去时的温差不得超过 4 度。

选手的雪靴最多可以用 8 支长钉，每个不得超过 7 厘米，所有参赛选手必须佩戴全罩式安全帽，以维护颈部以上的安全。

雪橇竞速

雪橇竞速是冬季残疾人奥林匹克运动会项目之一。

1976 年在加拿大多伦多残奥会上，首次使用专门竞速轮椅。1976 年在瑞典恩舍尔兹维克残奥会上，设雪橇竞速项目，参赛者残疾范围限定在：盲人、截肢者，共有 14 个国际和地区的 250 名运动员参加该项目。该项目的比赛没有使用奥运场馆。

冰 橇

冰橇是以雪橇为工具借助起滑后的惯性从山坡沿专门构筑的冰道快速滑降的一种冬季运动项目。

冰橇最早流传于北欧，所以又称北欧冰橇。*19* 世纪在瑞士、奥地利、意大利、德国以及美国等国家兴起。第 *1* 个比赛用冰橇是 *1887* 年由瑞士圣莫里茨地区的机械专家马蒂斯设计制造。冰橇最初的构造比较简单，由两根滑铁和一个木质结构并用铅块加重的橇架组成。滑铁固定在橇架的底部，没有操舵装置。到 *20* 世纪初，橇架开始改用铁制，用直径 *1.5~2* 厘米的圆铁弯制焊接而成。根据当时规则的要求，整个冰橇的重量不得超过 *50* 公斤，长不得超过 *70* 厘米，宽不得超过 *38* 厘米。

冰橇同无舵雪橇的区别主要在于运动员身体在雪橇上的姿势。无舵雪橇滑降时，运动员仰卧在雪橇上，两脚在前，并通过身体姿势的变换，控制雪橇行驶的方向。而冰橇运动员则是俯卧在雪橇上，且头部在前，并利用安装在专用皮靴前部的防滑钉，控制雪橇运动的方向或制动。比赛时，运动员必须穿戴保护装备，如护肘、护肩以及头盔等。

冰橇规则对场地的要求十分严格，线路的设计必须符合北欧古代"+"字形字母。因此，当时的冰橇场地只有圣莫里茨一处符合国际规则要求。这个场地线路长为 *1214* 米。起点和终点的高度差为 *157* 米。整个线路有 *10* 个转弯处。*1928* 年和 *1948* 年冬奥会冰橇比赛就在这个线路上进行，冠军分别被美国运动员希顿和意大利运动员比比亚获得。

冰橇仅 *1928* 年和 *1948* 年列为冬季奥运会比赛项目。从如年代开始，随着无舵雪橇的兴起，冰橇逐渐被淘汰，目前已很少有国家开展这项运动。

俯式冰橇

俯式冰橇是其中一项以雪橇为比赛工具的冬季运动项目，它的最高速度可达至每小时 *130* 公里，在冬季奥运中设立男子和女子的个人赛事，直至现今，俯式冰橇于冬季奥运中只曾四次列入正式的比赛项目。

历　史

俯式冰橇与无舵雪橇一样都是起源于北欧，历史上第一个冰橇比

103

赛是于 1884 年。3 年后，瑞士出现了正式的冰橇。后来在 1923 年的法国，国际有舵雪橇和无橇雪橇联合会正式成立，并提意把有舵雪橇以及俯式冰橇列入第 1 届冬季奥运中的正式比赛项目，但最终，只有有舵雪橇成为其中之一的比赛项目。

俯式冰橇后来于瑞士冬季奥运中成为正式比赛项目，在该届冬季奥运后，俯式冰橇要于 20 年后才再次成为正式的比赛项目之一，但因俯式冰橇的危险性高，因此俯式冰橇长时间被列出正式的比赛项目。以后，俯式冰橇在盐湖城冬季奥运中再三被加入比赛项目，2006 年的冬季奥运中，俯式冰橇依然是比赛项目之一。

在 2002 年的冬季奥运前，俯式冰橇只设男子项目，后来女子个人赛才被加入冬季奥运的小项之列中。

奥运上的俯式冰橇

俯式冰橇所用的冰橇底部要以铅块加重的橇架和两根固定的"滑铁"而成，滑铁、橇架以铁制成。运动员要在出发的信号亮起之后，以 30 秒内完成出发的动作。

1. 男子个人赛：在男子个人俯式冰橇小项中，运动员需要比赛一天。当中，冰橇的总重量不得多于 115 公斤，长度由 80 至 120 厘米、高度由 8 至 20 厘米。

在赛事之中，运动员需要卧于冰橇之上，头向前方，脚于后方，并于起点中以冰橇滑行 1214 米到达终点两次，最后把总成绩合计，以最少时间到达的运动员为胜利者。时间的计算准确至百分之一秒，若出现相同成绩，名次可以并列。

第一次的出发次序，是以抽签决定，以后的第二次出发次序要按照第一次的成绩，首次比赛中，排名最先的 20 名运动员可晋级至第二次的比赛中。在第二次的比赛中，成绩最差的运动员先出发，成绩最好的运动员最后出发，运动员在到达终点后，不可离开冰橇上。

2. 女子个人赛：女子个人赛与男子个人赛并没有重大的分别，在冰橇上，总重量不得多于 92 公斤。

在赛事中，与男子小项一样，运动员都需要比赛一天。于起点中以冰橇滑行 1214 米到达终点两次，最后把总成绩合计，以最少时间到达的运动员为胜利者。时间的计算准确至百分之一秒，如有成绩相同的情况，名次可以并列。

在第一次的滑行中的出场次序是以抽签而定，成绩最好的 12 位运动员可以晋身第二次的比赛。在第二次的滑行中是以首次比赛的成绩作标准，成绩最出色的运动员最后出场，而最差的则第一位出场，运动员在到达终点后，要在冰橇之上。

比赛场地

俯式冰橇的比赛场地的线路设计必须呈"十"字形，长度为 1214 米，起点和终点与之间的高度距离是 157 米。赛道中共设有 10 个转弯处，而它的上坡长度约占赛道总长度的 12%。

服　装

雪靴（最多有 8 支长钉，靴钉长度要在 7 厘米之内）、安全帽。

轶　事

美国是俯式冰橇中的强者，在前后的 3 届冬季奥运会中，美国就在 4 面的金牌中夺得 3 面。只余下的一面是由一位意大利运动员于瑞士冬季奥运中赢得。

1928 年，当时 19 岁的美国运动员 John Heaton 在俯式冰橇男子个人项目中取得一面银牌，及后在 1948 年冬季奥运中成功"蝉联"银牌，当时他已经是 39 岁的高龄运动员。

2. 雪橇运动装备

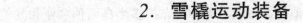

雪橇比赛器材

雪橇全长为 70 ~ 140 厘米，宽为 34 ~ 38 厘米，高为 8 ~ 20 厘米。雪橇为木制，底面有一对平行的金属滑板，宽不超过 45 厘米。雪橇前部没有舵板，后部也没有制动闸。滑板上部为支架。滑板前面翘起部分可有一定柔软性，以利转弯，但不准装置能操纵滑板的舵和制动器。单座重量不准超过 20 公斤，双座不准超过 22 公斤。

阿拉斯加雪橇犬

阿拉斯加雪橇犬是最古老的雪橇犬之一。工作犬犬种标准图例表明它的名字来自爱斯基摩人的伊努伊特族的一个叫做马拉缪特的部落，这个部落生活在阿拉斯加西部一个叫做扣赞伯的岸边。在阿拉斯加成为美国领土的一部分之前，这一地区叫做 Alashak 或是 Alyeska，翻译出来就是"广阔的土地"，这是发现这一地区的俄国人给它取的名字。其实早在这些俄国水兵到达这里之前，土著人就已经生活在阿拉斯加了。俄国人是在白令海峡航行时被风暴吹到这块西伯利亚北部的土地的。水兵们返回俄国之后，就把他们在这里印象深刻的事情告诉了其他的俄国人，这当然包括了这里的特色——阿拉斯加雪橇犬。

在现代犬类运动中，阿拉斯加雪橇犬被归属于犬类中的"尖嘴原始犬种"（FCI）或者"工作犬组"（工作犬）。

发展历史

1. 早期。在最初北美移民的纪录上，可发现有阿拉斯加雪橇犬的记载。此犬属匀称的体格和有顽强精神和忍耐力的犬种。马拉谬特人家庭和他们的狗（*1915* 年）阿拉斯加雪橇犬喜欢户外运动，在使用雪橇的年代里马拉缪特族已拥有如此强壮并能在北极雪地中旅行的犬种，还利用此犬猎捕北极熊、狼等动物，同时还用它担任守护驯鹿的工作。阿拉斯加雪橇犬以身强力壮及富忍耐力而闻名于世，在白人逐渐进入北极圈后，它们常被用来从事探险南北极的活动。

随着美洲的发现，阿拉斯加被征服，白人开始将北极圈内的犬和外来的犬杂交。就像他们在格陵兰岛和拉布拉多半岛西伯利亚和其他的极地地区所做的一样。最威胁阿拉斯加雪橇犬的时期是 *1909 ~ 1918* 年，这个危机来自于人类的贪念。那个时候，阿拉斯加赌赛犬越来越流行，许多的赛手尝试将北极圈的犬和外来犬交配，以期发现体力更好、速度更快、更漂亮的犬，结果事与愿违。这一个时期后来被称为"北极雪橇犬的衰落时期"。

2. 二十世纪初期的发展。由于输入犬种的相互交配，原有的本土犬种被混入了各种外来犬的基因，传统意义上的纯种阿拉斯加雪橇犬几乎完全灭绝。

二十世纪前 *20* 年，随着狗拉雪橇竞速赛在北美的风靡，美国人意识到有必要重新拾回阿拉斯加雪橇犬这一本土的雪橇犬种。在 *1926* 年，美国的雪橇犬爱好者开始致力于以本土雪橇犬和哈士奇为基础、系统地选育纯种阿拉斯加雪橇犬。经过近十年的选育和发展，*1935* 年，美国犬业俱乐部正式确认阿拉斯加雪橇犬为一个犬种。

3. 现代的发展。在确认为一个犬种后，犬类繁育者们不断筛选完善，在二十世纪 *80* 年代以后，最接近现在的雪橇犬爱好者们所认同的阿拉斯加雪橇犬基本成型著名的阿拉斯加雪橇犬繁殖者 Arthur，*1994* 年，美国犬业俱乐部修订并通过了现行的阿拉斯加雪橇犬犬种繁育标准，该标准在 *1996* 年被世界畜犬联合会（FCI）认可，并成为 FCI 的阿拉斯加雪橇犬标准。

时至今日，为了让阿拉斯加雪橇犬继续在都市的生活中依旧可以"重操旧业"，让它们不要丢下拉车拉雪橇的技能，每年美国、英格兰等地都会举行狗拉车比赛。而这些狗狗们也不负众望，在每一次的表演和比赛中它们都仅需要两对狗狗互相配合就可以把一辆载着两个成年人的车拉得飞快，甚至经常因为在转弯的时候刹车不及而人仰车翻。

形态特征

1. 体型规格。依据工作犬的描述，规格标准的阿拉斯加雪橇犬应具备的黄金体型为——雄犬肩高 *25* 英寸（*63.5* 厘米）、体重 *85* 磅（*39* 千克）；雌犬肩高 *23* 英寸（*58.4* 厘米）、体重 *75* 磅（*34* 千克）。

一般雄性成犬肩高在 *22* 英寸（*55.9* 厘米）~*27* 英寸（*68.6* 厘米）、雌性成犬肩高在 *21* 英寸（*53.3* 厘米）~*25* 英寸（*63.5* 厘米）都是可接受的。同时，体重大于 *41* 千克或者小于 *34* 千克的个体很常见。

偶尔可见体重超过 *120* 磅（*54* 千克）的雄性个体，也有特地选育身体规格特别巨大犬只的繁育者将这些被选育出来的大体态种群称作"巨型阿拉斯加雪橇犬"。尽管工作犬和 FCI 都未对阿拉斯加雪橇犬的体型规格上限做出具体规定，但由于对骨骼及身体发育方面的不利影响，这种个体对于纯种阿拉斯加雪橇犬被认为是不适当的，也不被工作犬的纯种犬标准所接受。

2. 被毛。阿拉斯加雪橇犬的被毛是一种"致密的富有极地特征的"双层被毛。赛场外的阿拉斯加雪橇犬内层为丰厚的绒毛、外层为质地较硬的针状毛，总体上与哈士奇的被毛类似，但在某种程度上比哈士奇的被毛略显得粗糙。外层针状毛不能过长，也不能质地柔软，出现这种情况都被视为缺陷。

被毛常见的颜色是白色与烟灰色、黑色、紫貂色、红色、砂色等颜色的组合，白色以外的颜色无论深浅都是可以接受的。其面部的毛色花纹往往呈现十字带两点白色眉毛或全白色以及所有介于二者间的外观。阿拉斯加雪橇犬的被毛颜色与哈士奇的被毛颜色无实质差异。

在一些地区的一些繁育者所特别选育的巨型种群中，亦出现与极地特征不尽相符的偏长的被毛。长毛个体不被工作犬和FCI所接受，尽管不符合纯种犬标准，也无法参赛，但在一些地区，长毛个体的外观也受到许多饲主的喜爱。

3. 结构。在犬展中评价一只阿拉斯加雪橇犬是否优秀，主要是看其结构是否合乎作为一只雪橇狗拖曳重物的要求，而此外的评价要求则居于次要位置。所以，一只阿拉斯加雪橇犬需要具备强健的体格。

阿拉斯加雪橇犬的腿必须具有强大的驱动力。前后腿及脚在站立或运动时所表现出任何不足，都将被视为严重缺陷。

4. 头部。头部宽且深，不显得粗糙或笨拙，与身体的比例恰当。表情柔和、充满友爱。眼睛在头部的位置略斜，眼睛的颜色为褐色，杏仁状，中等大小。眼睛的颜色越深越好。蓝色的眼睛属于失格。耳朵的大小适中，但与头部相比显得略小一些。耳朵为三角形，耳尖稍圆。耳朵分的很开，位于脑袋外侧靠后的位置，与外眼角成一直线。当耳朵竖着的时候，就像是站在脑袋上一样。竖立的耳朵也许略向前倾，但当狗在工作时，有时耳朵也会折向脑袋。耳朵位置过高属于缺陷。

两耳间的脑袋宽，且略略隆起，从头顶向眼睛的方向渐渐变窄、变平，靠近面颊的部分变的比较平坦。两眼间有轻微的皱纹。脑袋的轮廓线和口吻的轮廓线像两条略向下折的，连在一起的直线。与脑袋相比，口吻显得长而大，宽度和深度是从与脑袋结合的位置向鼻镜的方向逐渐变小。除了红色被毛的狗以外，其他颜色的狗都应该是黑色的鼻镜、眼圈和嘴唇。红色被毛的狗允许是褐色的鼻镜、眼圈和嘴唇。带有浅色条纹的"雪鼻"都是被允许的。嘴唇紧密闭合。上下颚宽大，牙齿巨大。咬和为剪状咬和，上颚突出或下颚突出式咬和都属于缺陷。

5. 阿拉斯加雪橇犬与哈士奇的区别。哈士奇（西伯利亚雪橇犬）快速奔跑中的和阿拉斯加雪橇犬被认为是极为相似的两个犬种，它们都是原始犬，也同为工作犬，整体要求整齐，脚步轻快，动作优美。身体紧凑，有着很厚的被毛，耳朵直立，耳尖圆滑，耳壁厚，杏仁眼，中等大小。口吻既不显得长而尖，也不显得短而宽，趾部清晰，背线平直，中等胸深，略略收腹。尾根不过高也不过低，尾巴上长着软毛，镰刀形曲线状翻卷在背后。四肢有力，骨架粗壮，肌肉结实，身体匀称。脚趾和肉垫间有丰富的毛。肉垫紧密，厚实。当犬自然站立时，平行，笔直，肘部和膝关节都不能外翻或内翻。胸腔，脖子，耳朵不能过长。颜色有纯白，红到黑到蓝都有。但身体被不连续的颜色覆盖或有不均匀的色斑属于缺陷。

它们的主要区别如下：

（1）身材。阿拉斯加雪橇犬属于大型犬，而哈士奇属于中型犬。

阿拉斯加雪橇犬比哈士奇的平均肩高一般高出 10 厘米左右，体重重 10 千克左右。

（2）眼睛。阿拉斯加雪橇犬不可以接受蓝眼，哈士奇则允许有单眼或双眼为蓝色。

（3）耳朵。阿拉斯加雪橇犬耳朵分的很开且向外后翻，哈士奇耳朵相距较近，位于头部较高的位置。

阿拉斯加雪橇犬耳朵过大，过高过近属缺陷，哈士奇耳朵分的过开，耳朵过大为缺陷。

（4）尾巴。阿拉斯加雪橇犬在多数的情况下都是向上翘，卷在背部上，特别是在工作的时候。在工作犬犬种标准的描述中，阿拉斯加雪橇犬的尾巴被形容为"一根招展的大羽毛"。

哈士奇的尾巴不会打卷，往往是平直的，像一把"圆头刷子"，摇尾巴的时候也是朝正上方乃至斜上方摇动，而不是卷曲到背上摇动。

（5）性格。性格方面一般认为阿拉斯加雪橇犬相对于哈士奇更加敦厚和稳重；相对的，大多数哈士奇比较神经质，对人类的热情程度常常到了十分夸张的程度。同时，哈士奇更具有原始犬种的特征，更加独立自主，亦更富有好奇心。

两种雪橇犬都被认为是不喜欢吠叫的犬种，即使偶尔发出叫声，这两种雪橇犬更多的是使用长嚎。但阿拉斯加雪橇犬的吠叫指数相对会更高一些；哈士奇则几乎很难被人类听到它们发出阿拉斯加雪橇犬偶尔发出的夹杂狼嚎的"汪汪"声。

个性和气质

阿拉斯加雪橇犬忠实，能力强。是优秀的警备犬和工作犬，也是富有感情的家庭犬，并且酷爱户外运动，少年时期逐渐开始需要很大的运动量。

阿拉斯加雪橇犬非常友好，属于"朋友狗"，而不是"孤僻狗"。它是忠诚、深情的伙伴，给人的印象是高贵、成熟。和所有雪橇犬一样，阿拉斯加雪橇犬保持着对人类的极端友好，一只在正常环境下成长的雪橇犬，极易亲近人，富有好奇心和探索精神。也和其他雪橇犬一样，阿拉斯加雪橇犬一般被认为是绝不攻击人类的犬种。

由于是原始犬种，阿拉斯加雪橇犬身上具有与原始犬种相应的特征，例如独立、不过分依赖主人，许多阿拉斯加雪橇犬在形态举止上像狼。阿拉斯加雪橇犬不喜欢吠叫，而一旦它们想说什么时，更多时候是发出类似"woo woo"的嚎叫。

但又因为它们在现代经过了漫长的选育，与同样是原始犬种的哈士奇相比，阿拉斯加雪橇犬身上的野性更少了些，也更容易驯服了些。

基本常识

1. 有活力、爱奔跑。阿拉斯加雪橇犬是最古老的北极雪橇犬之一。它们身体强壮、胸部厚实、肌肉丰富。它昂首站立的姿态显示了极大的勇气和活力。机警的眼神充满好奇。

这种犬头部宽，耳呈三角形，直立。吻部宽大，从根部向鼻尖部逐渐变细。吻部不显得长而尖锐，也不会显得短粗。为了抵抗极圈的寒风冷雪，得以在冰天雪地中生存，它们拥有双层的被毛，下层毛似羊毛，而上层毛则厚、粗、长。被毛有多种颜色，面部的斑块是明显的特征。尾部被毛丰厚。向背部卷曲，就像一面晃动的旗帜。

由于它的祖先除了有捕猎的功能外，主要是拉车拉雪橇出身。所以阿拉斯加雪橇犬具有健壮的四肢，并且骨骼发达，腿脚结实有力。

在漫长的拉车拉雪橇途中不可能常常得到休息的机会，所以它们都拥有宽厚、扩张力强的胸部。同时肩部厚实以适应它们的工作。在奔跑的时候，它们步伐稳定，平衡，并不费力。阿拉斯加雪橇犬并不是短跑的选手，但绝对要求是长跑的冠军。而一旦它们真的跑出了性子，即使身后的车子和雪橇已经翻了，可能他们还是会毫不回头的继续奔跑下去。

2. 饲养要点。阿拉斯加雪橇犬对环境的要求很高。由于其源于寒带，因此不甚耐热，需要长期保持一个比较凉爽的环境。此犬的活动能力极强，因此其居住环境需要比较宽敞，更重要的是保证它充足的运动量。

阿拉斯加雪橇犬天生肠胃功能就较差，特别是幼犬，更加容易患肠胃方面的疾病，轻者无食欲，重者上吐下泻。很多疾病（如急或慢性胃炎、肠炎，肠道寄生虫感染，过敏性肠炎以及病毒性肠炎等）都可引起肠胃方面的症状，因此当狗狗出现食欲差，没什么精神以及呕吐腹泻等肠胃道方面的症状时一定要提高警惕了。它的纪律性也相对较差，比较自由散漫，当它一出门后就会疯跑让你追不上它，把你的呼唤当成耳边风，它们有时也会做出一些让你意想不到的事情来。比如刚刚还好好的走在你旁边，突然间会漫无目的的乱跑，因此当你带它外出特别是过马路或周围车流人流较大的地方时，一定要记得牵狗绳，否则就有可能出现如车祸之类的意外，需要特别注意。

3. 选购温馨提示。必须具备强健四肢。在选购阿拉斯加雪橇犬的时候除了要看看身体的指标是否已经得到了标准，还要注意观察阿拉斯加雪橇犬的脾气是否急躁。对于这种刻苦耐劳的犬种来说，性情急躁是一个不能容忍的毛病。

同时，在观察该种犬的时候，还需要用心细看四肢的情况。一头好的阿拉斯加雪橇犬必须具有强壮的四肢。无论是前肢或者是后肢的任何不健全都会毁了一只各项指标优秀的阿拉斯加雪橇犬。同时，无论是站立、行走还是奔跑出现了任何的缺陷，也同样会让一只阿拉斯加雪橇犬沦为下品。所以在选购的时候，让犬只四处奔跑，仔细观察它们的四肢情况是最应当做的事情。反正对于这样的犬种而言，无论怎么让它们奔跑都是不过分的举动，即使让它们不歇气的跑上几个钟头，对于它们来说也仅仅是小菜一碟。

最后，如果前面说的都过关了，还要亲手抱一抱，以此来考察犬只骨骼的轻重，毕竟过轻或者过重，身体比例不协调都是致命的缺点。

4. 阿拉斯加雪橇犬美容护理。阿拉斯加雪橇犬的外毛是浓密粗糙的保护层；内毛厚实，有油性呈羊毛状。毛发中长、粗糙的保护层直立，厚重的绒毛环绕颈部，肩部至颈部的毛发逐渐增多，背部的毛发覆盖着臀部及后腿部。

（1）毛发护理。必须从幼年定期梳理。

（2）美容步骤。

①所需工具：刮刷、针式刷、粗齿梳、耙梳。

②美容要点：定期梳理腹部两侧的毛，使用蛋白毛发调节剂有助于美容和防止毛发断裂。

③步骤。

a. 用针梳刷去死毛。

b. 用脱毛梳清理脱落的内毛。

c. 用优质洗发香波，也有些美容师推荐使用碱性洗发香波。该犬种不需要经常洗澡，但阿拉斯加雪橇犬洗了澡以后的确不同。当然，在褪毛期，热水浴有助于新毛生长。

d. 用毛巾挤去水分，然后用电吹风以缩短烘干的时间。

e. 毛未干前，边吹风边用针式刷仔细梳理被毛，或在温暖的天气里自然风干。

f. 检查犬的脚趾、耳朵和牙齿。

g. 对于宠物犬，可用打薄剪修饰足上的毛，而参展犬则不用修剪，要以自然状态参展。

阿拉斯加雪橇犬与哈士奇的毛色遗传

常听到有些人讨论，两只红色的哈士奇配出来，小狗是什么颜色的？黑的配红的，小狗又是什么颜色的？为什么有的有白围脖？为什么带天窗？为什么会有奶牛斑？这些问题的答案，都是有其规律可循的，简单的说，就是基因遗传。在这里，不谈太深奥的东西，尽量能以较通俗易懂的语言，来阐述一些基本概念，例如天窗、白脖、奶牛斑等等通俗的用语。

在进入正题之前，一些关于遗传的基本原则和专有名词，还是要提一下，否则没法继续。

基因：孟德尔在遗传分析中所提出的遗传因子，如决定豌豆种子的圆形（R）和皱形的（r）等。这些因子用现代的术语来说就是基因。基因位于染色体上，是具有特定的核苷酸（主要是 DNA）片段，是储存遗传信息的功能单位。

等位基因：在染色体上占据相同位置的两个不同的基因

基因座：基因在染色体所处的位置。特定的基因在染色体上都有其特定的座位。每个基因座上，有两个等位基因。

显性基因：在杂合状态中，能够表现出表型效应的基因，以大写字母表示。

隐性基因：在杂合状态中，不表现出表型效应的基因，以小写字母表示。

纯合体：基因座上有两个相同的基因。例如 BB，bb。

杂合体：基因座上有两个不同的基因，例如 Bb，Dd.

犬有 39 对、78 个染色体，交配时，精子和卵子各带来自父代和母代的 39 个染色体，随机又有序的结合成子代的 39 对染色体。例如父代控制颜色的基因座上的两个等位基因为 Bb，而母代控制颜色的基因座上的两个等位基因为 BB。而所谓有序，是说父代控制颜色的基因，只会和母代控制颜色的基因结合，不会去和控制尾位的基因结合。所谓随机是说精子所带的基因可能是 B，也可能是 b. 随机的和卵子所带的 B 结合，子代基因的结果可能是 BB 或 Bb.

哈士奇基因介绍其中关于哈士奇的，比较重要的有三种基因形态：

基因座 B 的等位基因对；基因座 D 的等位基因对和基因座 S 的基因系列：

位于基因座 B 为两个控制颜色的不同的等位基因；B 和 b. B 为显性基因，其表型为黑色，b 为隐性基因，其表型为棕色或俗称的红色。一只黑白色的哈士奇，其基因形态可能为纯合型 BB 或杂合型 Bb，因为 B 是显性基因，而 b 是隐性基因，一般班 Bb 基因形态的组合，其表型就是黑色的了。同理，一只红白色的哈士奇，其基因形态必定为 bb 了。

如果一只带 BB 的等位基因的公犬，和一只带 bb 等位基因的母犬交配，其子代可能的颜色为何呢？

父代基因 B B

母代 b Bb Bb

其子代全都是 Bb 的杂合型基因组合，其表型为黑色。

如果两只红狗交配，其子代的颜色又为何呢？

父代基因 b b

母代 b bb bb

基因 b bb bb

其子代全都是 bb 的纯合型基因组合，其表型 *100%* 为红色。

位于基因座 D 为两个控制色素颗粒密度大小不同的等位基因对。D 为深色素的显性基因，d 为浅色素的隐性基因。哈士奇是没有灰色的基因的，之所以会有灰狗，是因为黑色带浅色素的隐性基因所致。例如一只灰狗，其控制颜色的基因可能是 Bb 或 BB，因为他是灰色的，必定带浅色素的 dd 基因形态。这只灰狗可能是 BBdd 或 Bbdd. 又如一只浅红色的哈士奇，他的基因形态，就必定是 rrdd.

如果一只带 BBdd 的灰色哈士奇和一只带 bbdd 浅红色的母犬交配，其子代可能的颜色为何？

父代基因 Bd Bd

母代 bd Bbdd（灰）Bbdd（灰）

基因 bd Bbdd（灰）Bbdd（灰）

其子代全都是 Bbdd 的基因组合，其表型 *100%* 为灰色。

如果一只带 BBDd 的黑色哈士奇和一只带 Bbdd 灰色的母犬交配，其子代可能的颜色为何？

父代基因 BD Bd

母代 Bd BBDd（黑）BBdd（灰）

基因 bd BbDd（黑）Bbdd（灰）

其子代可能是 BbDd。BbDd 或 Bbdd 的基因组合，其表型为黑色或灰色。

位于基因座 S 为四个控制白色多寡和出现位置的等位基因：

si：为纯色，就像我们常看到的黑白，灰白，红白。

sn 从颈后一点白到整个白围脖。

sp 整个身体大部分白，俗称奶牛哈。

sw 纯白色。

这四个基因的表型强度为 si > sn > sp > sw

如果一只带 Bbddsisp 的纯灰白色狗，佩戴 bbDDsnsp 的红色带天窗的红母狗，其子代的可能颜色为何？

父代基因 Bdsi Bdsp bdsi bdsp

母代 bDsn BbDdsisn BbDdsnsp bbDdsisn bbDdsnsp

纯黑色 带天窗或白脖 纯红色 带天窗

的黑色狗 白脖的红狗

基因 bDsp BbDdsisp BbDdspsp bbDdsisp bbDdspsp

纯黑色 黑鼻子的 纯红色 红鼻子的

黑奶牛 红奶牛

疫苗注射的注意事项

在疫苗注射后，要在 2～3 周后才能达到完全免疫，在这段时间内，一定要避免爱犬有以下的情况发生（比如改变食物，更换环境，激烈的运动，洗澡，和病犬的接触，长途运送还有整形手术等）还要特别注意气候的变化。

阿拉斯加雪橇犬，从小就开始接受预防注射，以抵抗犬瘟热（狗瘟和麻疹）、狂犬病、犬传染性肝炎、犬钩端螺旋体病（犬伤寒）、传染性胃肠炎等传染病，犬的主人应该携带犬只到可靠的，还有经过国家考试合格的兽医所主持的宠物医院接受预防的工作，还要接受合格医师所提供的建议，定期给爱犬预以补强注射，以此确保您爱犬的生命健康及安全。

在一般的情况下，注射疫苗对犬没有危险性，但是要在狗有疾病的状态下注射疫苗那就会有生命危险。所以注射疫苗之前一定要先请兽医给爱犬全面的检查身体。据资料显示：爱犬在注射疫苗后出现的体温升高、食欲下降、疼痛、精神郁闷等都属于正常现象，通常 24 小时之后就会过去。但要是出现全身瘙痒、脸部肿胀那就是过敏了，要及时到医院去注射脱敏针。

阿拉斯加雪橇犬犬种标准

1. 基本外观：阿拉斯加爱斯基摩犬是最古老的极地雪橇犬犬种之一，2009 年美国优卡杯冠军赛上的阿拉斯加雪橇犬这种犬体格强健、结实，胸深且强壮，肌肉发达。爱斯基摩犬脚垫以上姿态良好，使得其外观更加活泼。头部高昂，双眼有神，显示出其强烈的好奇心和兴趣。头宽。耳为三角形，警觉时会竖立。口吻大，宽度自根部向鼻子方向逐渐变细。口吻不尖或显得长，也不钝。被毛厚，外层被毛长且粗，对下层卷曲的被毛有着保护作用。爱斯基摩犬的颜色多种多样。其面部的斑纹是一个显著的特征，其中包括头上的帽状物以及全白色或带有条纹的面部。尾巴上的被毛良好，举起过背，外观如波状羽毛。爱斯基摩犬的骨骼要重，腿要强健，脚好，胸深，肩部有力，以及其它所有为其工作所必要的体格特征。其步态要稳、协调、不显疲惫、效率高。爱斯基摩犬原本不是用于进行速度比赛的雪橇犬，其体格结构在耐力和力量方面具有优势，如果其所具有的任一一个特征对于其在这方面的特点造成危害，那么这一特征将被视为最为严重的缺陷之一。

重要的比例：胸深约是其（自地面到肩部）高度的一半，最深点位于前腿之后。自肩部到后臀尖的体长比自地面到马肩隆的高度要长。

2. 行为/气质：阿拉斯加爱斯基摩犬是一种可爱、友好的犬，不是一种"个人"犬，是一种忠诚、专一的伴侣犬，通常在成熟后会显得高贵。

（1）头部：头宽且深，不显粗糙和笨拙，与犬的大小所成比例协调。表情温柔、可爱。

头骨：宽，两耳间适当地圆，顶部向着眼部渐窄、渐平，颊圆。两眼有浅皱。头骨顶线以及口吻的顶线自它们交合的直线处向下略有断开。

趾部：浅。

（2）面部：

鼻：颜色可以是除红色之外所有被毛可具有的颜色，鼻子、唇以及眼睑为黑色。红色犬的鼻子可以是褐色。带有条纹的白色鼻子也算合格。

口吻：大，与头骨的比例协调，自与头骨的交合处向鼻子方向宽度和深度稍稍减小。

唇：紧绷。

牙/颌：宽，牙大。门牙成剪咬合。颌上突或下突均为缺陷。

颊：适当地平。

眼：位置倾斜。眼褐色，杏仁形，中等尺寸。蓝色眼睛为失格。

耳：中等大小，但与头所成比例协调。耳为三角形，尖部略圆。两耳位于头骨上部，间距较大，与上眼角在同一直线上。警觉时，耳会竖起。竖起时会略向前方，但在犬工作时，耳有时会下垂并贴着头骨。位置过高则为缺陷。

颈：强壮且适度地成拱形。

（3）躯体：结构紧凑但不显短。躯体不能超重，骨骼大小合适。

背：直且向着臀部略斜。

腰：硬且肌肉发达。长腰会使背显得弱，所以为缺陷。

胸：发育良好。

尾：位置适当。工作时举起过背。不应是突然折断形或紧贴着背面卷曲，同时被毛也不能短得像狐狸毛那样。爱斯基摩犬的尾巴被毛丰富，就像波浪状的羽毛。

（4）四肢

前躯：前腿骨骼重且肌肉发达，自前面看时胶骨直。

肩：适当倾斜

胶骨：短且强壮，自侧面看时略斜。

后躯：后腿宽。自后面看时，腿站立及运动时与前腿在同一直线上，离得不过近或过远。后腿上不能有狼爪，在幼仔出生后不久便要将其狼爪去除。

腿：肌肉非常发达。

后膝关节：适度弯曲。

飞节：适度弯曲，自然向下。

脚：雪鞋型，紧且深，脚垫良好，外观坚固、紧凑。脚大，趾紧且拱起。趾间有保护性毛。脚垫厚且粗；趾甲短且强壮。

3. 步态/运动：爱斯基摩犬的步态稳健、平稳、有力。其大小和体格使得其很敏捷。自侧面看时，后躯驱动有力并通过发达的肌肉将力量传送至前躯。前躯自后部得力后伸展平滑。自前面或后面看时，大腿运动时在一条线上并且不会靠得过近或过远。

4. 被毛：

被毛：有一层厚、粗的保护性被毛，不长也不软。下层被毛密，深为 1~2 英寸，油滑、羊毛状。外层被毛和下层被毛一样长度不一。身体两侧的被毛相对短或为中等长度，肩和颈部、背下、臀上部的毛相对较长。爱斯基摩犬通常在夏天时被毛会变得短且稀。其被毛要自然，不能进行修理，但脚部可有明显的修剪。

颜色：颜色通常为淡灰色至中等程度的黑色、貂黑色。下层被毛、尖部及接合处的颜色可以混。唯一合格的单色为纯白色。白色通常是体下部、部分腿部、脚、脸部一部分的主要颜色。头顶和（或）颈部上有白斑，或者是脖子上斑点也是可以接受的。爱斯基摩犬似披有斗篷，整个身上的颜色不等或者像是不均匀地泼洒上去的。

5. 尺寸/重量：该品种有一个自然的范围。

要求的装运大小是：

雄性：到肩的高度为 25 英寸~85 磅（63.5 厘米~38 公斤）。

雌性：到肩的高度为 23 英寸~75 磅（58.5 厘米~34 公斤）。

但是，对于大小的考虑不能超过类型、比例、运动和其它功能性品质。判定时，在类型、比例、运动等品质同等的情况下，尺寸最接近要求的为最佳。

6. 缺陷：任何与上述各点的背离均视为缺陷，其缺陷程度严格地与其等级成比例。

挑选幼犬的方法

如何挑选一只纯种优秀的阿拉斯加雪橇犬，如何做到所购犬只物有所值而不被欺骗呢？

首先，阿拉斯加雪橇犬分桃子脸和十字脸两种，桃子脸为灰白色，因其被毛灰白相间，所以价格较低，十字脸为黑白色，外形漂亮，价格较高，目前属于畅销品种，阿拉斯加雪橇犬这张脸的丑俊是最重要的。

1. 毛色。要求黑白色衔接协调，被毛从头到尾不允许有任何杂毛（尤其颈部），必须双层被毛。

2. 脸部。十字架要周正漂亮，黑白色连结自然，不允许有连结凹进或凸出。

3. 头部宽且深，不显得粗糙或笨拙，与身体的比例恰当。

4. 眼睛在头部的位置略斜，颜色为褐色，杏仁状，中等大小。眼睛的颜色越深越好。

5. 耳朵为三角形，耳尖稍圆。耳朵分的很开，位于脑袋外侧靠后的位置，与外眼角成一直线。当耳朵竖着的时候，就像是站在脑袋上一样。竖立的耳朵也许略向前倾，但当狗在工作时，有时耳朵也会折向脑袋。

6. 肩膀适度倾斜；前肢骨骼粗壮且肌肉发达，从前面观察，从肩部到腕部都很直；后腿宽，而且整个大腿肌肉非常发达；后膝关节适度倾斜；飞节适度倾斜，一头好的阿拉斯加雪橇犬必须具有强壮的四肢。

天津优品犬业为专业繁殖者，拥有十亩标准厂房，专业的团队，有能力繁殖阿拉斯加纯种极品犬，拥有国外引进之渠道。确保血统纯正。天津优品犬业有能力为顾客提供全方位之售后服务。

西伯利亚雪橇犬

西伯利亚雪橇犬属于中型工作犬，脚步轻快，动作优美。身体紧凑，有着很厚的被毛，耳朵直立，尾巴像刷子，显示出北方地区的遗传特征。步态很有特点：平滑、不费力。他最早的作用就是拉小车，现在仍十分擅长此项工作，拖拽较轻载重量时能以中等速度行进相当远的距离。他的身体比例和体形反映了力量、速度和忍耐力的最基本的平衡状况。雄性肌肉发达，但是轮廓不粗糙；雌性充满女性美，但是不孱弱。在正常条件下，一只肌肉结实、发育良好的西伯利亚雪橇犬也不能拖拽过重的东西。

大小、比例、外型

1. 高度：雄性，肩高 *21~23* 英寸；雌性 *20~22* 英寸。

2. 重量：雄性，*45－60* 磅；雌性 *35－50* 磅。重量要与身高协调。以上的数据代表了高度和重量的极限值，在此之外的不能优先考虑。骨架过大或超重度会影响比赛成绩。从侧面看，从肩点到臀部最末点的长度要略大于从地面到马肩隆顶点的身高。

3. 不合格：雄性超过 *23* 英寸，雌性超过 *22* 英寸。

头

表情坚定，但是友好；好奇，甚至淘气。

1. 眼睛杏仁状，分隔的距离适中，稍斜。眼睛可以是棕色或蓝色；两眼颜色不同，或每只眼都有两种颜色是可以接受的。缺陷：眼睛太斜；靠得太近。

2. 耳朵大小适中，三角形，相距较近，位于头部较高的位置。耳朵厚，覆盖厚厚的毛，背部略微呈拱形，有力的竖起，尖部略圆，笔直地指向上方。缺陷：耳朵和头的比例失调，显得过大；分得太开；竖起不够有力。

3. 颅骨中等大小，与身体的比例恰当；顶部稍圆，从最宽的地方到眼睛逐渐变细。缺陷：头部笨拙或过于沉重；头部的轮廓太过分明。

4. 脸上的凹点十分明显，从凹点到末端的鼻梁笔直。缺陷：口鼻的宽度适中，逐渐变细，末端既不尖也不方。缺陷：口鼻太细或太粗；太短或太长。

5. 鼻镜：灰色、棕褐色或黑色犬的鼻镜为黑色；古铜色犬为肝色；纯白色犬可能会有颜色鲜嫩的鼻镜。粉色条纹"雪鼻"也可以接受。嘴唇着色均匀，闭合紧密。牙齿剪状咬合。缺陷：非剪状咬合。

颈、背线、躯体

1. 颈：长度适中、拱形，犬站立时直立昂起。小跑时颈部伸展，头略微向前伸。缺陷：颈部过短，过粗，过长。

2. 胸：深，强壮，但是不太宽，最深点正好位于肘部的后面，并且与其水平。肋骨从脊椎向外充分扩张，但是侧面扁平，以便自由活动。缺陷：胸部过宽；"桶状肋骨"；肋骨太平坦或无力。

3. 背部：背直而强壮，从马肩隆到臀部的背线平直。中等长度，不能因为身体过长而变圆或松弛。腰部收紧，倾斜，比胸腔窄，轻微折起。臀部以一定的角度从脊椎处下溜，但是角度不能太陡，以免影响后腿的后蹬力。缺陷：背部松弛，无力；拱状的背部；背线倾斜。

尾巴

尾巴上的毛很丰富，像狐狸尾巴，恰好位于背线之下，犬立正时尾巴通常以优美的镰刀形曲线背在背上。尾巴举起时不卷在身体的任何一侧，也不平放在背上。正常情况下，应答时犬会摇动尾巴。尾巴上的毛中等长度，上面、侧面和下面的毛长度基本一致，因此看起来很像一个圆的狐狸尾巴。缺陷：尾巴平放或紧紧地卷着；尾根的位置太高或太低。

前半身

肩部：肩胛骨向后收。从肩点到肘部，上臂有一个略微向后的角度，不能与地面垂直。肩部和胸腔间的肌肉和韧带发达。

缺陷：肩部笔直；肩部松弛。

前腿：站立时从前面看，腿之间的距离适中，平行，笔直，肘部接近身体，不向里翻，也不向外翻。从侧面看，骨交节有一定的倾斜角度，强壮、灵活。骨骼结实有力，但是不显沉重。腿从肘部到地面的距离略大于肘部到马肩隆顶部的长度。前腿的上爪可以去除。

缺陷：骨交节无力；骨骼太笨重；从前面看两腿分得太宽或太窄；肘部外翻。椭圆形的脚，不长。

爪子中等大小，紧密，脚趾和肉垫间有丰富的毛。肉垫紧密，厚实。当犬自然站立时，脚爪不能外翻或内翻。

缺陷：八字脚，或脚趾无力；脚爪太大、笨拙；脚爪太小、纤细；脚趾内翻或外翻。

后半身

站立时从后面看，两条后腿的距离适中，两腿平行。大腿上半部肌肉发达，有力；膝关节充分弯曲；踝关节轮廓分明，距地的位置较低。如果有上爪，可以去除。缺陷：膝关节笔直，后部太窄或太宽。

被 毛

西伯利亚雪橇犬的被毛为双层，中等长度，看上去毛很浓密，但是不能太长掩盖犬本身清晰的轮廓。下层毛柔软，浓密，长度足以支撑外层被毛。外层毛的粗毛平直，光滑伏贴，不粗糙，不能直立。应该指出的是，换毛期没有下层被毛是正常的。可以修剪胡须以及脚趾间和脚周围的毛，以使外表看起来更整洁。修剪其他部位的毛是不能允许的，并要受到严厉惩罚。缺陷：被毛长，粗糙，杂乱蓬松；质地太粗糙或太柔滑。修剪除上述被允许的部位以外的被毛。

颜 色

从黑到纯白、棕到红的所有颜色都可以接受。头部有一些其他色斑是常见的，包括许多其他品种未发现的图案。

步 态

西伯利亚雪橇犬的标准步态是平稳舒畅，看上去不费力。脚步快而轻，在比赛场地时不要拉得太紧，应该中速快跑，展示前肢良好的伸展性以及后肢强大的驱动力。行进时从前向后看，西伯利亚雪橇犬不是单向运动，随着速度的加快，腿逐渐向前伸展，直至脚趾全部落在身体纵向中轴线上。当脚印集中在一条线上后，前腿和后腿都笔直地向前伸出，肘部和膝关节都不能外翻或内翻。每条后腿都按照同侧前腿的路线运动。犬运步时，背线保持紧张和水平。缺陷：跳跃式或起伏式的步法；行动笨拙或滚动步法；交叉或螃蟹式的步法。

性 情

西伯利亚雪橇犬的典型性格为友好，温柔，警觉并喜欢交往。他不会呈现出护卫犬强烈的领地占有欲，不会对陌生人产生过多的怀疑，也不会攻击其他犬类。成年犬应该具备一定程度的谨慎和威严。此犬种聪明，温顺，热情，是合适的伴侣和忠诚的工作者。

总　结

西伯利亚雪橇犬最重要的特征是中等体型，适中的骨骼，比例平衡，行动自如，特有的被毛，可爱的头部和耳朵，正确的尾巴，以及良好的性格。如果骨骼外观过于夸张或体重超重，步法拘紧或笨拙，被毛长、粗糙都会受到处罚。西伯利亚雪橇犬不能出现超重，外貌粗鲁，以至于像一个做苦功的；或者体重太轻，纤细，类似赛跑犬。无论公母，西伯利亚雪橇犬都表现出强大的忍耐力。虽然这里没有明确指出，但是除了上面提到的那些缺陷，一些适用于所有犬种的明显的身体结构缺陷也适用于西伯利亚雪橇犬的评判。

饲养要则

1. 哈士奇的毛质分析：西伯利亚雪橇犬以具备坚韧的毅力而闻名于世，在寒冷的西伯利亚他们需要适应日夜几十度的巨大温差。

一条合格的哈士奇一定有着一身独特的毛层来抵挡恶劣的环境，哈士奇的毛有 *2* 层，外毛和绒毛，其中外毛分成 *2* 段，通常可以看到顶端深色发亮，底端毛质粗而相对淡色，这顶端发亮的毛叫 "SILVER TIPS"（银尖）是用来抵挡紫外线和炽热的太阳所发出的热量，粗壮的毛根紧紧的生长在皮肤内，所以一般来说哈士奇的外毛相对不容易掉毛。哈士奇的内毛（绒毛）和外毛的比例一般来说为 *8*（内毛）比 *1*（外毛），这些丰厚的内毛会分泌一种油脂用来防水，也是由于这种油脂才恰到好处的营造了一个非常科学的隔热层，抵挡外界的炎热和寒冷。

正因为有了这一身护身宝衣，才可以使哈士奇适应各种气候，尽量的保持哈士奇生活在干燥的环境里，洗澡以后尽可能的用风筒吹干，毛和皮肤对于哈士奇来说简直太重要了，如果由于患皮肤病而引起大量掉毛，哈士奇将忍受炎热的痛苦，情况严重的话紫外线的直射甚至会导致他患上皮肤癌。如果有您的细心呵护，作为家养的宠物不管是在广东还是东北，哈士奇都可以成为最健康和最温顺美丽的宝贝。

2. 哈士奇的肠胃功能：哈士奇的肠胃功能比较独特，对蛋白质和脂肪的要求比较高，所以建议饲喂幼犬粮到 18 个月龄以后才改喂成犬狗粮，平时可以适当喂一些鱼类或者牛羊肉类加以补充促进发育，对钙的要求也相对较高，每周几次钙片或钙粉对于哈士奇是非常必要的。对于狗粮的品牌，由于哈士奇的肠胃功能差异较大所以最好视狗而定，尽量找一些蛋白质和脂肪含量高的优质狗粮，如果没有条件可以适当在狗粮里添加一些鸡肉，羊肉，牛肉，猪肉或者海鱼等来补充一些蛋白质。

3. 哈士奇的运动量：哈士奇在拉雪橇比赛中赛的是速度而非力量，所以平时体能训练最主要的就是速度，每日速跑和慢跑几次对于 show dog 来说是非常有必要的，在整个运动过程当中，前后肢尽量的伸展对于哈士奇的形体将会有无可厚非的帮助，建议 pet dog 每日一到二次的运动，每次半小时左右。show dog 每日 3 次以上运动，每次 20 到 30 分钟为佳。

西伯利亚雪橇犬的历史

哈士奇历史记载中，西伯利亚雪橇犬——哈士奇的祖先，最早要追溯到新石器时代之前。当时一群中亚的猎人们移居到极地（也就是西伯利亚）的尽头生活，经过了长久时间，这群跟随在猎人身边的狗儿，在长期与北极狼群交配繁育之下，发展成为北方特有的犬种。

在这群穿越过北极圈，最后选择在格陵兰落脚的人们中间，有一个部落，就是后来发展西伯利亚雪橇犬的楚克奇人。早期，楚克奇人将这群跟随在他们身边的狗儿训练为可以用来拉雪橇并且看守家畜的工作犬，因为它们耐寒、食量小、工作起来又相当认真。因此当时还被认为是部落中相当重要的财富。而这群早期被称之为西伯利亚楚克奇犬的狗儿，也就是后来哈士奇的祖先。据说哈士奇这个名称，原来是爱斯基摩人的俚语——沙哑的叫声的讹传，因为当时的狗儿们叫声较为低沉沙哑因此有了这个奇妙的称号。

18 世纪初，阿拉斯加的美国人开始知道这种雪橇犬。1909 年，西伯利亚雪橇犬第一次在阿拉斯加的犬赛中亮相。

1925 年 1 月在阿拉斯加偏僻小镇白喉流行，由于最近的存有血清的城市远在 955 英里以外，而直升机驾驶员当时恰好休假，为快速运回治疗白喉的血清，人们决定用哈士奇雪橇队代替运送，657 英里的路程照正常的运送速度来算需要 25 天，由于病症快速蔓延，雪橇队决定以接力运送的方式来运送，雪橇队最后仅用了 5 天半时间就完成了任务，挽救了无数生命。

当时领队的头狗 togo 已十多岁了，长途跋涉后由于腿部受伤而退出，它在 1929 年死亡后，遗体存放在美国国家博物馆，纽约中央公园还有 togo 的纪念碑，供后人瞻仰。

一般拉雪橇的狗大都叫雪橇犬，但严格说来，最名符其实称雪橇犬的犬种当属此犬。西伯利亚雪橇犬外型雄伟，近似狼。此犬具有优雅的气质，且活力充沛。

1930 年，西伯利亚雪橇犬俱乐部得到了美国养犬俱乐部的正式承认。

阿拉斯加犬和西伯利亚犬的区别：

有一种狗和哈士奇长得很像，毛要比哈士奇长许多。不要惊讶，它叫"阿拉斯加"。原产美国的阿拉斯加州，为什么它长得那么像哈士奇，而且都是雪橇犬呢？

这就要追溯到以前在美国举行的一场狗拉雪橇比赛，在这场比赛中美国人认识到了哈士奇，觉得哈士奇的体力充沛，可以帮助人类做很多事情。于是将哈士奇和本地的犬类结合，直到培育出了体型更大，毛更长的"阿拉斯加"。

现在的雪橇犬中，萨摩耶和阿拉斯加身体里都流着哈士奇的血。

阿拉斯加雪橇犬和西伯利亚雪橇犬外表相似，很多人都分不清楚这两种犬。阿拉斯加雪橇犬与西伯利亚雪橇犬（哈士奇）的差异在于：阿拉斯加雪橇犬长得比较粗壮高大，西伯利亚雪橇犬（哈士奇）比较轻巧优雅；阿拉斯加雪橇犬行为比较野性，西伯利亚雪橇犬（哈士奇）比较温顺。

体形：阿拉斯加雪橇犬比西伯利亚雪橇犬在形体上要大。阿拉斯加雪橇犬的骨架无论公狗母狗都比西伯利亚雪橇犬要大一些，所以阿拉斯加雪橇犬看起来比较胖，西伯利亚雪橇犬看起来就比较纤瘦。

头部：有非常明显的区别。阿拉斯加雪橇犬的头颅比较宽，耳朵之间的距离也比较大；西伯利亚雪橇犬则相反。

眼睛的颜色：西伯利亚雪橇犬的眼睛可以是蓝色，棕色等。而阿拉斯加雪橇犬的眼睛则必须是棕色的。

尾巴：阿拉斯加雪橇犬尾巴在数的情况下都是向上翘，卷向背部，特别是在工作的时候。西伯利亚雪橇犬的尾巴多数都是垂下来的，除了摇尾巴的时候。

1. 眼睛：哈士奇——棕色、蓝色（包括深棕色，浅棕色，鸳鸯眼）；阿拉斯加——只有棕色。

2. 毛色：哈士奇——灰白，黑白，咖啡白；阿拉斯加——黑白和红白。

3. 毛质：哈士奇——被毛稍短，毛质较硬；阿拉斯加——属长毛，柔软。

4. 耳朵：哈士奇——两耳间距较窄，耳尖弧度较小，似三角形；阿拉斯加——耳朵之间距离较宽，耳尖弧度大，成半圆形。

5. 额头：哈士奇——额头眉间形状一般是美人尖型。阿拉斯加——额头和眉间颜色分布有十字形，双线型，两点眉型。

6. 尾巴：哈士奇——放松状态时，尾巴自然下垂，较接近狼。兴奋或奔跑时，尾巴上摆，但尾尖始终成水平状态；阿拉斯加——尾根部粗壮，毛发旺盛，始终卷曲，尾尖弯曲接近尾根。

7. 体型：哈士奇——中型；阿拉斯加——大型。

8. 性格特点：哈士奇——习性更接近狼，聪明，机敏，活泼，善变。

阿拉斯加——敦厚，勇敢，忠诚，耐性十足。

9. 价格：哈士奇——宠物级平均价位：1000～3000 元左右。

阿拉斯加——宠物级平均价位：1500～3000 元左右。

10. 智商：哈士奇比阿拉斯加聪明许多。在世界犬类智商排名中，哈士奇排名第 45 位，阿拉斯加第 50 位。

阿拉斯加的优缺点

1. 优势：

（1）漂亮：最大的优势莫过于它漂亮冷酷的外形，几乎每个见过小哈的人，都会发自内心的喜爱它，也许说明了人类对狼的一种虏获心理吧，呵呵，谁叫小哈长的太像狼呢。

（2）温顺友好：小哈的个性很温顺，几乎不会出现主动攻击人类的现象。对于中国目前的狗地位，温顺友好的小哈，能让你和狗狗在周围的环境中有一定的优势，比较容易被接受。

（3）活泼好动：小哈喜欢玩耍，它能不知疲惫的和你玩上几个小时，多数情况是你累的吐舌头，它还意犹未尽，这所带来的快乐，是无法用语言来形容的。

（4）热情：小哈的热情是无以比拟的，长期会以超快的速度，撞到你的脚上，然后舔你一身的口水。

（5）很少吠叫：小哈吠叫的时候很少，只会在一些特殊情况下，发出狼嚎的声音，虽然晚上听起来有点毛骨悚然，但是却正适合了它狼般的外貌，可能很多人还因此觉得是小哈的本性。多数情况下，小哈几乎不发出声音，还以为自己养了个哑巴狗。

（6）喂食量少：相对于同等体型的狗狗，小哈的食量仅有它们的 2/3 甚至 1/2 那么多，养起来实在是省口粮。

（7）极易保持干净：有时候，你的小哈可能一个月都没洗澡了，但是每天的梳理会让小哈的毛不粘灰，看上去还是那么的干净。

（8）比较容易接受其他的狗狗：小哈属于群居类工作犬，和其他狗狗的群居，它们更加不容易嫉妒，更加短时间的接受新伙伴。

（9）犬只原始：小哈在当今社会中依然保持着雪地狼族的原始状态，在家中依赖主人，外出性情表现狂野。

2. 劣势：

（1）神经质：小哈都有一点神经质，特别是母哈。总是莫名其妙的做一些令你崩溃的事情，比如走在马路上突然啃完青草就开始狂奔，在屋里到处乱窜然后开始原地打转，等等。你要有十足的心理准备，认为它是正常的在发神经。

（2）十足的破坏分子：家里的任何东西，它都会细心的帮你检查 N 遍，以探究你的购买物品的坚硬程度。这种认真的程度，有时候会

127

让你一天买一个脸盆。这不但考验了你的购买能力，还考验了你的经济能力。

（3）易拉肚子：饭后喝多了水拉肚子，吃的太油拉肚子，吃惯了狗粮突然给它吃个馒头拉肚子，反正就是容易拉肚子。

（4）精力旺盛：它总是要玩、要跑、要跳，折磨你累的想跳楼，它依旧叼着球过来给你。甚至在你还没睡醒睁眼的时候，跳上床要和你玩，来折磨你。

（5）极度热情：小哈对你热情，对其他的人，一样的热情。比起对你的热情，也许对别人的热情还要疯狂一些。

萨摩耶德雪橇犬

萨摩耶犬，原本是一种工作犬，常出现在美丽的图画中。机警、有力、非常活泼、高贵而文雅。由于他是在寒冷地区的工作犬，所以他拥有非常浓厚的、能抵御各种气候条件的被毛。良好的修饰，非常好的毛发质地比毛发数量更重要，雄性的"围脖"比雌性更浓厚一些。

他的后背不能太长，软弱的后背使他无法胜任其正常的工作，失去了工作犬的价值。但与此同时，太紧凑的身体对一种拖曳犬来说，也非常的不利。

繁殖者应该采取折中方案，身体不长但肌肉发达，允许例外；胸部非常深；且肋骨扩张良好；颈部结实；前躯直而腰部非常结实。雄性外貌显得雄壮，而没有不必要的攻击性；雌性的外貌或构造显得娇柔但气质上不显得软弱。雌性的后背也许比雄性略长一些。

他们的外观都显得具有极大的耐力，但不显粗糙。由于胸很深，所以腿部要有足够的长度，一条腿很短的狗是非常不受欢迎的。后臀显得非常发达，后膝关节适度倾斜，而且后膝关节存在任何问题或牛肢都将受到严厉的处罚。整体外观还包括了动作和整体结构，应该显得平衡和谐，体质非常好。

基本特点

1. 体质：体质要具有充足的骨量和肌肉，相对这样尺寸的狗，骨骼比预想的要粗重的多，但也不能太过分，而影响了灵活性和速度，

这在萨摩耶犬的构造中非常重要，骨骼与身体比例恰当。萨摩耶犬的骨量不能太大而显得笨拙，骨量也不能太小，看起来像赛跑犬。体重与高度比例恰当。

（1）高度：雄性：*21～23.5* 英寸；雌性：*19～21* 英寸。任何太大或太小的萨摩犬都要按照背离的程度进行扣分。

（2）被毛（质地和状态）：萨摩犬拥有双层被毛，身体上覆盖一层短、浓密、柔软、絮状、紧贴皮肤的底毛，被毛是透过底毛的较粗较长的毛发，被毛直立在身体表面，决不能卷曲。被毛围绕颈部和肩部形成"围脖"（雄性比雌性要多一些）。毛发的质量关系到能否抵御各种气候，所以质量比数量要重要。下垂的被毛是不受欢迎的。被毛应该闪烁着银光。雌性的被毛通常没有大多数雄性那么长，而且质地要软一些。

（3）颜色：萨摩耶犬的颜色为纯白色；白色带很浅的浅棕色、奶酪色；整体为浅棕色。此外其他颜色都属于失格。

2. 动作：

（1）步态：萨摩耶犬的步态为小跑，不是踱步。他的动作轻快、灵活，步伐有节奏。步态舒展、平稳、有力，前躯伸展充分、后躯驱动有力。小跑时，后体驱动力非常强大。缓慢行进或小跑时，足迹不重叠，当速度增加时，脚垫向内收缩。最后，足迹落在身体中心线下，后肢足迹落在前肢的足迹上，后肢向前滑动。膝关节既不向内弯，也不向外翻。后背保持坚固、坚实、水平。起伏不定的、呆板不自然的步态属于缺陷。

（2）后肢：第一节大腿非常发达，后膝关节角度恰当（约与地面成 *45* 度角）。关节非常发达、清晰，位置在身高的 *30%*。在自然站立的姿势下，从后面观察，后腿彼此平行，后腿结实，非常发达。既不向内弯、也不向外翻。后膝关节太直属于缺陷。双倍接缝或牛肢也都属于缺陷。只有在有机会看到狗充分运动的情况下才能确定其是否有牛肢。

（3）前肢：前肢（脚腕以上）直、彼此平行；脚腕结实、坚固、直，但相当的柔韧，配合具有弹性的足爪。由于胸部较深，所以前肢要有足够的长度，从地面到肘部的距离约占肩高的 *55%*，一条腿很短的狗是非常不受欢迎的。肩胛长而倾斜，向后倾斜约 *45* 度角，且位置稳固。肩胛或肘部向外翻属于缺陷。马肩隆分开约 *1~1.5* 英寸。

（4）足爪：足爪长、大、有点平（像兔足），脚趾略微展开，但不能张的太开；脚趾圆拱；脚垫厚实、坚硬，脚趾间有保护性毛发。自然站立的姿态下，足爪既不向内弯也不向外翻，但是略略向内弯一点会更有吸引力。脚趾外翻、鸽子脚、圆形足爪（猫足）都属于缺陷。足爪上的羽状饰毛不是重点，但一般雌性饰毛比雄性要丰富一些。

3. 头部：

（1）构造：脑袋呈楔形、宽、头顶略凸、但不圆拱或像苹果头，两耳与趾部中心点呈等边三角形。口吻：中等长度、中等宽度，既不粗糙、也不过长，向鼻镜方向略呈锥形，与整体大小及脑袋的宽度成正确的比例。口吻必须深，胡须不必去除。趾部：不生硬，但很清晰。嘴唇：黑色，嘴角略向上翘，形成具有特色的"萨摩式微笑"。唇线显得不粗糙，也没有过度下垂的上唇。

（2）耳朵：耳朵结实而厚；直立；三角形且尖端略圆；不能太大或太尖，也不能太小（像熊耳朵）。耳朵的大小是根据头部的尺寸和整体大小确定。它们之间距离分的比较开，靠近头部外缘，它们应该显得灵活。被许多毛发覆盖着，毛发丰满，但耳朵前面没有。耳朵的长度应该与耳根内侧到外眼角的距离一致。

（3）眼睛：眼睛颜色深一些比较好，位置分的较开，且深；杏仁状；下眼睑指向耳根。深色眼圈比较理想。圆眼睛或突出的眼睛属于缺陷；蓝眼睛属于失格。

（4）鼻镜：黑色最理想，但棕色、肝色、炭灰色也可以接受。有时，鼻镜的颜色会随着年龄、气候的变化而改变。

（5）颚部和牙齿：结实、整齐的牙齿，剪状咬和。上颚突出式咬和或下颚突出式咬和属于缺陷。

（6）表情：表情为"萨摩表情"，这一点非常重要，主要指在萨摩犬警惕时或决心干点什么的时候，其闪亮的眼神和热烈的脸庞。其表情由眼睛、耳朵和嘴构成，警惕时，耳朵直立，嘴略向嘴角弯曲，形成"萨摩式微笑"。

4. 躯干：

（1）颈部：结实、肌肉发达，骄傲地昂起，立正时，在倾斜的肩上支撑着高贵的头部。颈部与肩结合，形成优美的拱形。

（2）胸部：胸深，肋骨从脊柱向外扩张，到两侧变平，不影响肩部动作且前肢能自由运动。不能是桶状胸。理想的深度应该达到肘部，最深的部分应该在前肢后方，约第九条肋骨的位置。胸腔内的心脏和肺能得到身体的保护，胸的深度大于宽度。

（3）腰和背：马肩隆为背部最高点，腰部结实而略拱。后背（从马肩隆到腰）直，中等长度，连接既不太长、也不太短。其身体的比例为"接近正方形"，即长度比高度约多出5%。雌性可能比雄性更长一些。腹部肌肉紧绷，形状良好，与后胸连成优美的曲线（收腹）。臀部略斜，丰满，必须延伸到非常轻微的尾根。

5. 尾巴：尾巴长度适中，如果尾巴下垂，尾骨的长度应该能延伸到飞节。尾巴上覆盖着长长的毛发，警惕时会卷到后背上，或卷向一侧，当休息时，有时尾巴会放下。位置不能太高或太低，应该灵活、松弛。不能紧卷在背后，卷两圈属于缺陷。裁判在评判时，必须看到萨摩将尾巴卷到后背一次。

6. 气质：聪明、文雅、忠诚、适应性强、警惕、活跃、热忠于服务，友善但保守。不能迟疑或羞怯，不过分好斗，无理由的好斗是要受到严厉处罚的。

7. 失格：除了白色、奶酪色、浅棕色或白色带浅棕色外的其他颜色。蓝眼睛。

萨摩耶犬的训练

1. 机械刺激法。机械刺激法是利用器具，在萨摩耶犬不听指令时用来控制其行为的方法。最常用的是牵引带（狗链）。在萨摩耶犬随行和受训时，主人要掌握方向的主导权。如果不按主人的意图行事，可以拉牵引带，迫使它不能做违背主人意愿的事。

2. 食物奖励训练法。食物刺激法是在獒犬受训成功或吸引其注意力时给予食物奖励，调动训练积极性。如果只训练，忽视奖励，萨摩耶犬会觉得训练是一件极没有意义的事，一切训练手段都是徒劳的。食物可以刺激獒犬的条件反射，让它知道如果听话就有好处。

3. 机械刺激和奖励结合训练法。这种方法是在萨摩耶犬拒绝接受训练时用机械法强迫其按指令行动，同时在动作成功或有起色时要给予奖励。如果机械刺激强度过大，过频繁，会使獒犬产生相反的反射，从每次受训开始就恐惧、躲避，记不住动作的要领。奖励虽然是必须的，但要适量，如果奖励过多会影响正常食欲，也不利于以后的训练。可以结合抚摸和口头表扬，达到奖励的目的，主人要真情流露。

4. 模仿训练法。模仿训练法是让受训萨摩耶犬观看一只训练有素的萨摩耶犬是如何接受训练并得到奖励的，从中受到影响和启发。这种方法可以生动有效的让萨摩耶犬明白要做什么，训练效果有时是机械刺激法所不及的。小威盛受到威盛的影响和启发，在训练时更加容易。

3. 雪橇运动规则

雪橇比赛规则

雪橇是乘木制或金属制的双橇滑板在专用的冰雪线路上高速滑降、回转的一项冬季运动项目。木制雪橇表面有一对宽不超过 45 厘米的平行金属滑板，滑板前部翘起部分可有一定柔软性。作为比赛项目，雪橇仅限于人工操纵，不准装置能操纵滑板的舵和制动器。

雪橇是一种乘坐或卧在雪橇上，变换身体姿势以操纵雪橇高速回转滑降的运动。运动员坐在雪橇上，双手借助起点助栏用力向后推而使雪橇起动。在滑行过程中，运动员仰卧在雪橇上，单手拉住雪橇皮带利用身体姿势的改变，操纵雪橇，使之沿着冰道快速滑降。到达终点时，运动员须在雪橇上，否则成绩无效。单座需要滑 4 次，双座滑 2 次，成绩相加，最后以时间少者获胜。

雪橇滑行冰道长度男子为 1000 米，女子为 800 米，坡度为 4°~

6°。线路呈左右弯道和 S 形弯道。

雪车运动规则

雪车之所以引人入胜，是因为它高速滑行的时候，选手距离地面非常近，在一连串设计好的减速或增速壶道滑道里，那种风驰电掣般的高速行驶充分享受危险刺激性。雪车的速度受到三个因素影响，一是重量，二是空气阻力，三是摩擦，如果这三项因素相等，那么选手与雪车组合最重的就是跑的最快。

现在的雪车是建立在速度和空气动力学的基础上，圆锥形玻璃纤维的头部、四个明光闪亮的轮子都有助于选手高速完成比赛。比赛开始的时候，选手尽自己所能快速推送雪车大约 50 米，然后快速跃入车内，

规则规定：2 人座有舵雪橇长不得超过 2.70 米，宽 0.67 米，滑橇板宽度为 8 毫米；4 人座有舵雪橇最长 3.80 米，宽 0.67 米，滑橇板最小宽度为 12 毫米。2 人座有舵雪橇比赛时，总重量不得超过 375 公斤，4 人座有舵雪橇总重量不得超过 630 公斤，不足重量可携带其他加重物补足。

滑道全长 1500 米，平均坡度为 4°30′，最大坡度为 8°30′。弯道部分的半径必须在 20 米以上，滑道的护墙最少不得低于 50 厘米。

比赛分双人座和四人座两项。每赛次滑行 4 次，以 4 次比赛的累计时间计算成绩，时间少者名次列前。遇两队时间总和相等时，以任何一次最少时间的队为胜。

赛期两天，每天进行两次。首轮出发顺序由抽签决定。从第二轮起，出发顺序由前一轮的最后一名先出发，接着顺次下排。出发前，雪橇距起点线 15 米。出发信号发出后，均由运动员在起点处手推雪橇奔跑起动，然后跃入座位，前座的人掌舵，最后座的人负责制动。到达终点时运动员均须在座位上，否则成绩无效。

雪车服装、运动员穿戴用具：包括比赛服，护肩、护肘、头盔和专用靴钉。靴钉为刷型并均匀分布于靴底。靴钉的长度不超过 14 毫米，间隔不超过 3 厘米。

雪车滑道、雪车比赛设施：是用混凝土或木材建造的，具有一定

坡度的凹型滑道。宽 1.40 米，两侧为护墙。护墙的内侧高 1.40 米，外侧高 2~7 米。滑道及两侧的护墙均需浇冰。比赛线路长度为 1300~2000 米，全程设有 15~20 个弯道，弯道的半径不得小于 20 米。滑道的平均坡度为 4°~8°。起点与终点的高度差为 100~150 米。

钢架雪车比赛规则

钢架雪车比赛所用的赛道与雪橇相同，不同的是雪橇和滑行的姿势，雪橇是选手仰躺在雪橇上，脚在前头在后，而钢架雪车则相反，选手俯身躺在雪车上，头朝前脚在后。

出发时选手排列在起点等候，依照出发顺序出发。出发的信号灯亮起之后，选手必须在 30 秒内完成出发动作。出发时选手必须将雪车推向前，加速之后迅速登上雪车完成比赛，出发动作必须宣布由选手自行完成，不得借助他人之力。

钢架雪车规定只能以俯卧式进行，只有选手的肚子贴在雪车上的姿势才被允许。中途允许掉落雪车，但在通过终点时，选手必须在雪车上才算完成比赛。

比赛在同一天进行两轮，两轮成绩相加排列名次，如果选手成绩相同，名次可以并列。第一轮出发顺序由抽签决定，第一轮成绩最好的 20 名男选手和 12 名女选手晋级第二轮，第二轮出发顺序是以第一轮的成绩为依据，成绩最好的最后一个出发。

4. 跳台滑雪技术

跳台滑雪简称"跳雪"。就是运动员脚着特制的滑雪板，沿着跳台的倾斜助滑道下滑。借助速度和弹跳力，使身体跃入空中，使整个身体在空中飞行约 4~5 秒钟后，落在山坡上。1972 年首届世界跳台滑雪锦标赛在南斯拉夫举行。该项目从 1924 年第一届冬奥会即被列为比赛项目。根据国际滑雪联合会规定，在冬季奥运会及世界滑雪锦标赛的跳雪比赛中，设有 70 米级和 90 米级跳台的两个跳雪项目。从

1964 年第九届冬奥会开始统一跳台级别，才分别规定为上述的 *70* 米和 *90* 米两种。这并不单指跳台高度，还包括跳台助滑道的坡度即 *35 ～40* 度，以及长度 *80～100* 米。

跳台滑雪是滑雪运动项目之一。利用自然山形建成的跳台进行。脚着专用滑雪板，不借助任何外力，从起滑台起滑，在助滑道上获得高速度，于台端飞出后，身体前倾与滑雪板成锐角，沿抛物线在空中飞行，在着陆坡着陆后，继续滑行至停止区停止。

跳台滑雪运动是起源于挪威，相传，古时的挪威统治者想出一种处罚犯人的刑法，就是把犯人两脚各缚一块雪板，从有雪的高山往下推，让他自行滑下，当通过断崖的凸处时，身体就会抛向空中，再落在山下后摔死。后来，这种跳下滑雪的动作就逐渐地演变成现代的跳雪运动。

跳台滑雪运动由于跳台助滑道的角度及起跳端的仰起角度等不同，加上气温、温度、风向、风力及雪质等自然条件的差异，跳雪的性能也就随之变化。因此，跳雪比赛只有最好成绩，而没有世界纪录。

跳台滑雪的发展历程

跳台滑雪源于挪威，*1860* 年挪威德拉门地区的两位农民在奥斯陆举行的首届全国滑雪比赛上表演了跳台飞跃动作，后逐渐成为一个独立项目并得到广泛开展。*1879* 年在奥斯陆举行了首届跳台滑雪比赛。*1883* 年被列入霍尔门科伦滑雪大奖赛。*19* 世纪末，先后传入瑞典、瑞士、美国、法国、意大利和波兰等国家。初期的跳台滑雪利用山坡等自然地形进行，*19* 世纪 *80* 年代开始出现土木结构的跳台。随着空中滑翔技术的提高，新的跳台设计也不断出现，*1926* 年瑞士在格劳宾登州的蓬特雷西纳建成 *60* 米级跳台，*1927* 年又在圣莫里茨建成 *70* 米级跳台。*1925* 年起举办世界跳台滑雪锦标赛。跳台由助滑坡、着陆坡、停止区组成。

比赛时每个国家单项限报 *4* 人，团体限报一个队 *4* 名运动员。以姿势分和距离分计算总成绩。姿势分由 *5* 位裁判根据运动员完成动作的准确性、完美性、稳定性以及整体稳定性打分，去掉最高分和最低分后，将剩下的 *3* 个分数相加，最高分为 *60* 分；距离分要根据 K 点距离确定每米分值，运动员的跳跃距离达到 K 点距离为 60 分，短于 K 点距离，将所短距离乘以每米分值，再从 60 分中减去，超过 K 点距离，将所超距离乘以每米分值，然后加上 60 分。两次比赛的姿势分与距离分之和为运动员的总分，得分多者名次列前。团体赛以各队 4 名运动员两次比赛所得分相加，得分多者名次列前。*1924 年被列为首届冬奥会比赛项目，现设 90 米级（原为 70 米级）、120 米级（原为 90 米级）和团体 3 个男子项目。*

跳台滑雪的比赛规则

跳台滑雪比赛中的跳台由助滑坡、着陆坡、停止区组成。

比赛时每个国家单项限报 *4* 人，团体限报一个队 *4* 名运动员。

比设有 *90* 米级（原为 *70* 米级）、*120* 米级（原为 *90* 米级）和团体 *3* 个男子项目。

滑雪者两脚各绑一块专用的雪板，板长 *2.30 ~ 2.70* 米，宽 *11.5* 厘米，板底有 *3 ~ 5* 条方向槽。比赛时运动员不用雪杖，不借助任何外力，以自身体重从起滑台起滑，经助滑道获得 *110* 公里/小时的高速度，于台端飞后，身体前倾和滑雪板成锐角，两臂紧贴体侧，沿自然抛物线在空中滑翔，在着陆坡着陆后继续自然滑行到停止区，然后根据从台端到着陆坡的飞行距离和动作姿势评分。

跳台滑雪有 *5* 名裁判员。裁判员根据比赛选手两次（飞行）姿态判分，姿态得分与距离得分相加，距离分以飞行的米数来计算。飞跃姿势裁判共 *5* 名，每人打分占 *20* 分。去掉一个最高分和一个最低分，满分为 *60* 分。

距离计算采取"2 舍 3 入法"，如 *60.20* 米作 *60* 米；*60.30* 米则作 *60.50* 米；*60.70* 米作 *60.50* 米，*60.80* 米则进为 *61* 米。姿势的最高分为 *20* 分，在评姿势分时，跳跃得分占重要比例，成功的可得 *6 ~ 20* 分，失败则得 *0 ~ 12* 分。跳台滑雪的技术动作包括四部分，分别是助滑、起跳、空中飞行和着陆。

说明：

NH 跳台（普通台）：起跳高度 *1635* 米，到达高度 *1528* 米。

LH 跳台（大台）：起跳高度 *1650* 米，到达高度 *1528* 米。

普通台男子单人：

比赛从资格赛开始，世界杯赛排名前 15 名的选手不需要参加资格赛，直接晋级决赛。剩下的选手都要在资格赛争夺 35 个决赛名额。决赛共有 2 跳，第一跳 50 个人全部参加，取成绩最好的 35 人参加第二跳。第二跳的顺序是按照第一跳的成绩从低往高倒着进行。

大台男子单人

大台男子单人比赛规则和普通台男子单人一样，只不过它是在大台上进行的。大部分的跳台滑雪世界杯都是在大台上进行的，一个赛季只有一两站是在普通台上进行的。

大台男子团体

在这项比赛中，每个队有四名选手。比赛分为两轮，第一轮比赛每个队先跳一个人，随后每队跳第二个人，然后是每队的第三个人，第四个人。每个队四名选手合计得分算总分。排在前八名的队伍才能参加第二轮比赛，第二轮比赛的出发顺序和单人比赛相同，按照成绩从低到高，最终总得分最高的队伍获胜。

跳台滑雪的技术要点

助　滑

助滑是为了在起跳端造成更快的初速度，以延长空中飞行距离的一种技术。在顺着助滑道的倾斜面前进时，运动员两腿尽量深蹲，上体前倾成流线型姿势，力求与雪面大致平行，以最大限度地减小空气阻力。

跳台滑雪空中姿势

起　跳

起跳是整个技术动作的关键，起跳动作的好坏决定着运动员的成绩。由于助滑的最快速度每秒钟可达 30 多米，因此，掌握起跳的最佳时机是衡量运动员技术水平高低的主要标准。起跳用力的方法与跳高或跳远都不相同，确切地说，它不是跳而是两腿快速下蹲的动作。运动员顺着助滑道快速滑行，一般当雪板尖到达台端时立即起跳，上体向前伸展。

空中飞行

运动员只有保持大胆、沉着、稳定和善于控制雪板的空中飞行姿势，才能获得理想的成绩。这时，运动员的上体应充分伸展，上体与下肢间稍有曲折，两雪板平行并与脚底呈锐角上仰，上体与雪板基本保持平行，两臂伸直贴放于身体两侧。

着　陆

经过助滑、起跳和空中飞行，最后再完成正确的着陆动作，就使整套动作连贯一致，一气呵成，运动员由此便可获得高分。着陆时，应具有弹性和稳定性，两脚成弓箭步前后分开，身体重量分别落于两脚，雪板后跟略领先于板尖着陆，两腿屈膝做缓冲，两臂左右平伸，以维持身体平衡。落地后，保持平衡姿势顺利滑到终止区，全部动作即算完成。

跳台滑雪运动员技术等级标准

国际级运动健将

在冬季奥运会或世界锦标赛、世界杯赛中获任何一单项前八名者。

运动健将

凡符合下列条件之一者，可申请授予运动健将称号。

1. 在冬季奥运会，世界锦标赛、世界杯赛中获任何一单项前二十名者；

2. 在全国锦标赛、全国冠军赛中获成年组个人项目（K90米以上级）前二名者；

3. 在全国锦标赛、全国冠军赛中获青年组个人项目（K90米以上级）第一名者。

一级运动员

凡符合下列条件之一者，可申请授予一级运动员称号。

1. 在全国锦标赛、全国冠军赛中获成年组个人项目（K90米以上级）前八名者。

2. 在全国锦标赛、全国冠军赛中获青年组个人项目（K90米以上级）前六名者。

二级运动员

凡符合下列条件之一者，可申请授予二级运动员称号。

1. 在全国锦标赛、全国冠军赛中获成年组任一单项前十二名者；

2. 在全国锦标赛、全国冠军赛中获青年组任一单项前十名者；

3. 在省、自治区级竞赛中，获成年组任一单项前六名者；

跳台滑雪瞬间图（四）在省、自治区级竞赛中，获青年组任一单项前三名者。

三级运动员

凡符合下列条件之一者，可申请授予三级运动员称号。

1. 在省、自治区级竞赛中，获成年组任一单项前十五名者；

2. 在省、自治区级竞赛中，获青年组任一单项前八名者；

3. 在地区、市、县级竞赛中，获青年组任一单项前六名者。

少年级运动员

在地区、市、县级竞赛中，获少年组任一单项前十名者。

5. 高山滑雪技术

高山滑雪，奥运会高山滑雪设 *10* 小项，男女各五项。男子项目设：滑降、回转、大回转、超级大回转、全能（滑降/回转）；女子项目设：滑降、回转、大回转、超级大回转、全能（滑降/回转）。该项运动将速度与技巧完美地结合在一起，运动员在滑行过程中左右盘旋，将健美与优雅融于一体，粗犷中不失儒雅，所以，一直深受广大观众的欢迎。

高山滑雪的起源

高山滑雪起源于阿尔卑斯山地域，又称"阿尔卑斯滑雪"或"山地滑雪"。

特定的地理环境产生特定的求生方式，经常处于冰天雪地的北欧早在五千多年前就已经开始有滑雪运动了。与其他起源于欧洲的冰上运动类似，它也是由原始狩猎演变而来并逐渐成为一种交通方式在北欧流行开来。今天能见到的最早的滑雪板现保存于"滑雪运动之都"

挪威奥斯陆，那里陈列着一些 1500 年前的滑雪板。随着滑雪运动的更大普及，北欧人不满足于只在平地上进行雪野角逐，他们的兴趣从平地越野速滑转向地形复杂的高山丛林间。

高山滑雪是在越野滑雪基础上逐步形成的。1850 年挪威的泰勒马克郡出现改变方向和停止滑行的旋转动作。1868 年挪威滑雪运动奠基人诺德海姆等人在奥斯陆滑雪大会上表演了侧滑和 S 形快速降下技术。1890 年奥地利的茨达尔斯基发明适合阿尔卑斯山地区特点的短滑雪板及滑行技术，1905 年他在维也纳南部的利林费尔德进行了高山滑雪史上第一次回转障碍降下表演。1907 年英国创立阿尔卑斯滑雪俱乐部，这是世界上第一个高山滑雪组织。1910 年奥地利的比尔格里上校组织具有军事性质的高山滑雪学校，第一个采用深蹲姿势持双杖快速下降、制动转弯的滑法。1921 年英国的伦恩在瑞士组织了高山滑雪史上的首次回转和速降比赛。1922 年奥地利的施奈德创办高山滑雪学校。1931 年起举办世界高山滑雪锦标赛。1936 年起被列为冬奥会比赛项目。

英国人阿诺德·卢恩爵士和奥地利人海因斯·施奈德发明了现代高山滑雪比赛。1922 年，卢恩在瑞士的慕伦组织了历史上最早的一次高山滑雪比赛。

高山滑雪项目立足奥运会是从 1936 年开始的，当时只有男女快速降下和回转障碍降下两项。从 1952 年开始，高山滑雪才固定为三个比赛项目：大回转障碍降下、回转障碍降下和快速降下。其线路的长度、高度差，以及检查门数都是不固定的，以后逐渐发展到目前的十个竞赛项目。

奥地利一直是冬奥会高山滑雪项目的最大赢家，总共获得 77 块奖牌。

高山滑雪的分类

高山滑雪主要分速度系列和技术系列两部分。

速度系列分速降和超级大回转。比赛按一次滑行成绩决出名次。滑降道落差最大，距离也最长，最高时速达 130 公里。超级大回转由于旗门数较多，速度稍慢。

技术系列分大回转和回转。名次按两次成绩合计计算。大回转距离是回转的两倍以上，对速度和技术都有要求。回转旗门数男子为 55 至 75，女子为 45 至 65。

此外，高山滑雪还有速降和回转两项综合赛。

高山滑雪比赛均在海拔 1000 米以上的高山进行。比赛要求起点和终点的垂直高度为 800 ~ 1000 米。

速降（又称滑降）要求运动员从山顶按规定线路穿过用旗插成的门形向下滑行，是竞速滑雪比赛项目。线路长 2000 米以上，坡度 5 ~ 35 度，平均 20 度，起点到终点高度男子为 500 ~ 700 米。线路两旁插一定数量的旗杆作为各种门形。男子比赛插红色旗，女子比赛插红蓝两色旗。旗门间距为 4 ~ 8 米，上下旗门间距一般为 30 米左右，以滑降两次的时间计算成绩，决定名次。技术动作有直滑降、斜滑降、乙形滑降、起伏地滑降、犁式和半犁式滑降等。身体姿势分高、中、低三种。

回转滑雪，要求运动员从高山上滑下时不断穿过门形和障碍物，连续转弯高速下滑，是一项竞速滑雪比赛。比赛线路长度男子为 600 ~ 700 米，女子 400 ~ 500 米，坡度 30 度以上的段落占比赛全程的四分之一。标高差男子为 140 ~ 200 米，女子为 120 ~ 180 米。在男子的比赛线路上插有 55 ~ 75 个门形，女子比赛线路上插有 45 ~ 60 个门形。比赛中在高速转弯通过线路上的各种门形时，需要两脚过门。碰倒旗杆不算犯规，漏门或旗杆过门算犯规不计成绩。在两条线路上各滑一次，以两次成绩总和评定名次，如第一次犯规则不能滑第二次。比赛前可以从上向下察看线路，但不能着滑雪板从上向下模拟滑行或穿越门形。

大回转滑雪，是高山滑雪比赛项目之一。运动员要快速从山上向下沿线路连续转弯，穿越各种门形。男子比赛线路长度为 1500 ~ 2000 米，女子为 1000 米以上。男子线路标高差为 300 ~ 400 米，女子为 250 ~ 350 米。坡度为 15 ~ 32 度。以两次滑行时间计算成绩。大回转的转弯设计速度为 15 ~ 20 米/秒。比赛前允许运动员从上往下察看线路，但不能着滑雪板从上往下模拟滑行。

该项运动是速度和技巧的结合，运动员在滑行过程中左右盘旋，非常精彩，所以，深受广大观众的欢迎。

高山滑雪是运动员手持滑雪杖，脚踏滑雪板从高坡快速回转、降下。不同项目起点与终点的垂直高度差亦有不同：

速降男子 800～1100 米，女子 500～800 米；

回转男子 180～220 米，女子 140～200 米；

大回转男子 250～450 米，女子 250～400 米；

超大回转男子 500～650 米，女子 400～600 米。

每个项目每个协会限报 4 人。比赛采用单人出发，顺序抽签决定。现冬奥会设男、女全能（1936 年列入）、速降（1948 年列入）、回转（1948 年列入）、大回转（1952 年列入）和超大回转（1988 年列入）。

高山滑雪的保护法则

如何防止进雪

滑雪时难免会有跌倒的时候，如果没有专用滑雪服，跌倒后雪会从脚脖子、手腕、领子等处钻进服装里，令人非常讨厌。有什么办法能解决这一问题呢？其实非常简单，您只有要一副护膝，一副宽条松紧带外加一条围巾即可解决问题。在冬季北京的小摊上经常卖一种由晴纶棉织成的有弹性的长筒护膝，长约 40 厘米，将其一头套在滑雪靴上半部，另一头套在腿上，即可有效防止进雪。用一副宽条带尼龙贴扣的松紧带将滑雪手套腕口紧紧扎住，雪就进不去了。另外，用一条围巾将领子与脖子之间的空间稍加填充，可保证雪不会进入领口，而且还能起到保温的作用。这些物品即简单便宜又实用，采购起来还很方便，您不妨试一试。

如何选择滑雪镜

由于雪地上阳光反射很厉害，加上滑行中冷风对眼睛的刺激很大，所以需要有一副眼镜对眼睛进行保护。滑雪镜应具备以下几个功能：

1. 防止冷风对眼睛的吹浮；

2. 防止紫外线对眼睛的灼伤；

3. 镜面不能起雾气；

4. 跌倒后眼镜不应对脸部造成伤害。

按以上要求，您应该选择全封闭型滑雪镜，这种滑雪镜外观上类

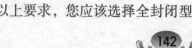

似潜水镜，但不把鼻子扣在内，外框由软塑料制成，能紧贴面部，防止进风。镜面由镀有防雾防紫外线涂层的有色材料制成，这种材料很柔软，用力扭曲只发生变形而不会发生断裂，以保证镜面受到撞击时不会对脸部造成伤害。另外在外框的上檐有用透气海绵制成的透气口，以使面部皮肤排出的热气散到镜外，保证镜面有良好的可视效果。戴眼镜的滑雪者在选择滑雪镜时，应选择镜框厚一点的滑雪镜，以便能将近视镜全部罩住。

如何保护皮肤

我国北方的冬季寒冷、干燥，皮肤在这种气候条件下水分散失的很多，加上滑雪时形成的相对速度很大的冷风对皮肤的刺激和雪面上强烈紫外线对皮肤的灼伤是构成对皮肤伤害的主要原因。为防止水分的散失和紫外线对皮肤的灼伤，可选用一些油性的有阻止水分的散失功能的护肤品，然后再用防紫外线效果较好的具有抗水性的防晒霜涂在皮肤上。防晒霜只能在短时间内有效，所以应每隔一段时间（一般2小时）就在暴露的皮肤上涂一次，切不可因为阴天就不涂防晒霜，因为阴天紫外线依然很强烈。如果滑行中感觉冷风对脸部的刺激太厉害，可选择一个只露出双眼的头套，再加一个全封闭型滑雪镜，可将面部完全罩住，能有效阻止冷风对面部的侵入。以上物品建议您随身携带。

如何补充饮食

我国冬季的北方寒冷、干燥，人体水分散失较大，加上室内温度过高，人的内火较旺，应注意每日多饮水，适当补充一些水果败火。例如：橙子、鸭梨等，桔子吃多了易上火，最好不吃，如果能备点润喉片，不失为一种好选择。

如何防止冻伤

冻伤是指人长时间处于低温环境中产生的伤害事故，人体产生冻伤主要发生在手部、脚部、耳朵等部位，所以应选用保温效果较好的羊绒制品或化纤制品对上述部位进行保温。从外部环境来讲：

1. 备足御寒衣物。

2. 不要单独一人外出滑雪，出事后既无人知晓，又无人救援。

3. 不要擅自滑出滑雪场界线，那样你不会遇到滑雪场的工作人员，也不会得到救援。

4. 饮酒后不要外出滑雪，一旦醉卧在外非常容易发生冻伤。

5. 要穿鲜艳服装，一旦出事，寻找起来目标醒目。

6. 外出滑雪时要告诉家人或朋友，自己去什么地方滑雪，去几个人，什么时间回来。以便出现意外时，及时救援。

7. 以下列出发生冻伤后应使用的药物和方法，仅供参考。

轻度冻伤（Ⅰ、Ⅱ度冻伤）：呋喃西林氢化可的松霜，呋喃西林霜（741 冻伤膏），硫酸新霉素霜（851 霜剂），10% 白胡椒酒精。重度冻伤（Ⅲ、Ⅳ度冻伤）：切忌采用雪搓、冷水浸泡、直接火烤等错误方法。应将受冻部位浸入 40～42℃温水中快速融化复温。然后迅速送往医院治疗。

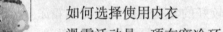

如何选择使用内衣

滑雪活动是一项在寒冷环境中进行的体育运动，如何选择和使用内衣就显得很重要。当人处于运动状态时，身体会排出很多汗液，而当人处于停止运动状态时，其热量和汗液的排放就少的多。在选择贴身内衣时，最好不用棉制品，因为棉制品吸水性较好，当人体处于运动状态时，棉制品会大量吸收人体排出的汗液，而当人体处于静止状态时，棉制品上的汗液很难在短时间内挥发掉，贴在人皮肤上又冷又潮的棉内衣会将皮肤表面热量带走，使人产生寒冷的感觉，此时应及时更换内衣。另外您可以将一件带网眼的尼龙背心贴身穿，然后在外面套上一件弹力棉背心，这样身体排出的汗液会透过尼龙背心吸附在弹力背心上，不会产生寒冷的感觉。如经济条件允许，您可以选一件丝普纶材料制成的内衣，这是国际上一种先进的材料，曾做为国家重点攻关项目，已在国内研制成功。它的内层有一层单向芯吸效应的化纤材料，本身不吸水，外层是棉制品，可将汗液吸收在棉制品上，效果非常好，您不妨试一试。

高山滑雪须知

高山滑雪以其独有的刺激性及挑战性吸引着大批的滑雪爱好者，由于高山滑雪场地建在山区，首先要有一个良好的交通条件，并能为滑雪者解决食宿问题，更主要的是要有良好的滑雪条件。

1. 积雪期要长，雪质要好，风速要小，温度要适中，温度太低不利于滑雪者发挥技术水平，太高不易保存积雪。要有雪道机将被滑雪者搅拌过的雪面重新整理后压实，为第二天的滑雪者提供一个较好的雪质。

2. 要有几条不同的滑雪道供初级、中级、高级滑雪者分别使用，避免在同一条雪道上产生不必要的混乱。滑雪道上要有陡坡，凹凸起伏，阶梯状，缓坡等不同地形，使滑雪者在各种不同的地形条件下体验不同的滑行乐趣，感受惊险和刺激。

初学者滑雪道的坡度要缓，地形不能有太大的起伏，滑雪道要宽，要给初学者留出较大的制动空间。中级滑雪道要有不同的地形条件，包括有陡坡、凹凸起伏地形以及缓坡，以使滑雪者体验不同的感觉。而高极滑雪道要使技术好的滑雪者能够体验到惊险和刺激。如果能有灯光滑雪道，那就更好啦，在一个下雪的晚上，当你在纷纷飘落的雪花中飞驰而下，那感觉真是妙极了。

3. 每条滑道必须有与之配套的空中索道，以便将滑雪者送到相应高度。索道最好是乘坐式，它可为滑雪者提供一个休息和观赏其他滑雪者美妙滑行姿态的空中观景台。牵引式索道只适用于初学者使用的地形较缓的初级滑雪道，它的牵引方式不利于滑雪者休息，也不能避免其他初学者与自己发生碰撞。一个不具备完善运行索道的滑雪场不能称为一个好的高山滑雪场。

4. 滑雪者居住区和雪具出租店要靠近索道的上车站，因为滑雪者在穿上滑雪靴后，脚踝被固定住，行走很困难，所以应该减少他们的行走距离，用索道将他们运送到应该到达的高度。

5. 由于滑雪者在一天的滑雪活动结束后会出很多的汗，所以应该为他们提供洗澡的方便，较高的室温会使他们的内衣第二天一早就干了，不必穿着潮湿的内衣上雪道了。

滑雪场选择

随着近年来新闻和各种媒体对滑雪运动的大量报道，渴望参加滑雪旅游的人越来越多，进入冬季后，特别是春节前后有大批人员参加旅行社组织的滑雪旅游，由于很多人是第一次参加这种活动，对滑雪旅游本身应具备的条件知之甚少，在选择旅行社时无从下手。只凭报价，很难使您真正体验到滑雪给您带来的刺激和乐趣，在选择滑雪旅游团时应从以下几个方面咨询：

1. 对滑雪场的选择，目前国内主要有黑龙江的亚布利滑雪场，吉林的北大湖、松花湖、金场及长白山等高山滑雪场。就综合条件看，亚布利和北大湖滑雪场较适合初学者进行旅游滑雪，它们都有较完善的高山滑雪场的必备条件。亚布利滑雪场距哈尔滨有近四小时车程，北大湖滑雪场距吉林市仅一个多小时车程，国外将距中心城市二小时以内车程的滑雪场称为城市滑雪场，它很适合滑雪旅游。亚布利滑雪场在国内知名度很高，在旺季时人员较多，食宿方面较紧张，吉林北大湖滑雪场相对来说要好的多，各方面的费用也比亚布利便宜，交通也更方便，并且有灯光滑雪道，可进行夜间滑雪。

2. 滑雪场是否有专业大型雪道清理车对滑雪道进行清理和修整。经过一天滑行后如不对雪道进行搅拌、压实，会使雪道凹凸不平，初学者在这种雪面上滑行很难掌握和学习滑雪技术，这一点对一个喜爱滑雪的人来说很重要。

3. 在时间上初学者应选择不少于三天的滑雪时间，因为少于三天，初学者连基本的滑雪技术也学不完，没有技术，也就无法真正体验到滑雪给您带来的刺激和乐趣。目前一些旅行社组织的滑雪旅游团为压低报价（滑雪的费用较贵，260元/人·天），只安排半天或一天的滑雪时间，游客根本无法尽兴的去体验滑雪的感受，这种团充其量只能称为观光团，不能称为滑雪团。

4. 要有滑雪教练对您进行初级技术指导，您可以从教练那系统的学习基本的滑雪技术，然后才能到不同难度的滑雪道去体验真正的滑雪给您带来的全新感受，没有教练的指导，您不可能更快更好的掌握滑行技术，也就不能到更高的滑雪道上去滑行，只在缓坡上的滑行是不会体验到真正的滑雪感受，由于教练费很贵（每小时50～100元/人），许多旅行社不给客人安排教练，或只安排很短的时间，对于初学者最好在全部滑雪时间内都有教练指导。

5. 能使用滑雪场的哪些设施。滑雪场的收费设施主要有滑雪器材，索道及滑道，雪橇等娱乐项目，由于这些设施收费较贵，所以有些旅行社缩短这些设施的使用时间或次数。消费者应弄清旅行社为自己支付了什么样的滑雪器材费，是普通的，还是高级的。由于滑雪场有很多条索道，自己能使用的索道是指定的一条，还是全部索道，可使用几次，是否有时间限制，其它娱乐项目是否有时间、次数限制，否则超时、超次数后您可要自己付费用了。

6. 你的住宿条件中是否有淋浴设施，当您滑了一天的雪后，洗一个舒服的热水澡，不但可以消除您一天的疲劳，而且可以使您尽快的恢复体力。由于滑雪很消耗体能，所以您的饮食一定要好，由于东北地区菜量很大，吃饱不成问题，一般情况下每餐每人不低于 20 元就可以了。

7. 费用上主要应包括来回的火车或飞机票，当地交通、住宿、餐饮、滑雪器材、索道、教练、娱乐费用、保险、门票等。一个行程为五天的滑雪旅游（滑雪时间为三天半，火车、双人间、有教练指导），全部费用为 2600 元左右较为合理，它基本包含了全部费用，如差距较大，您应仔细询问包含哪些项目，目前一些旅行社为了以低价吸引消费者，压缩滑雪时间，将滑雪器材、索道、教练、娱乐项目等费用不含在报价内，或只包含一小部分，又不在报价中声明，使消费者的实际支出大大超过了自己的预算。所以在选择出行前，应将以上内容确认无误，以避免不必要的支出。

高山滑雪的技术指导

如何穿滑雪靴

1. 打开全部卡子。

2. 从最低处上卡子。

3. 每上完一级卡子后都要检查下方卡子的松紧，直到全部扣紧为止。

穿滑雪靴后如何行走

1. 抬脚尖，迈大步。

2. 用滑雪靴的前后跟作支点。

147

如何穿滑雪板

1. 先穿山下侧的滑雪板，再穿山上侧的滑雪板。

2. 先卡好前部固定器再下压后部固定器。

如何扛滑雪板

1. 板底相对。

2. 上下错位。

3. 对压后下滑。

4. 板尖朝下。

5. 前部固定器扛在肩后边。

在雪面上如何放置滑雪板

1. 与滚落线垂直。

2. 双板保持平行。

如何卸滑雪板

1. 用滑雪杖尖打开后部固定器即可。

2. 将滑雪板向身体侧面抬起，用力向下磕。

在陡坡上如何穿滑雪板

1. 滑雪板与滚落线垂直放置，并保持双板平行。

2. 两只滑雪板的板尖指向相反的方向。

3. 先穿山上侧的滑雪板，穿好后原地调头，将这只滑雪板放到山下侧，并用内刃卡住雪面。然后再穿位于山上侧的另一只滑雪板即可。

检查滑雪靴与滑雪板的连接

1. 引身向上跳动。

2. 滑雪板离开地面。

转弯技术

1. 犁式转弯。

2. 犁式摆动转弯。

3. 双板平行摆动转弯。

如何原地掉头

1. 双板平行与滚落线垂直站立。

2. 将山下侧滑雪板抬起后掉转方向并与滚落线垂直放置。

3. 再将山上侧滑雪板掉转方向并与滚落线垂直放置即可完成原地掉头。

如何握滑雪杖

1. 将滑雪杖的佩戴套在手腕上。

2. 再将滑雪杖的佩戴握在手掌虎口内侧即可。

如何选择摔倒

1. 向下蹲。

2. 向身边两侧倒。

3. 向山的上侧倒。

4. 不要挣扎，任其滑动，绝对禁止翻滚。

摔倒后如何站起来

1. 轻微活动一下身体，检查是否受伤。

2. 确认滚落线方向。

3. 将滑雪板举向空中后向山下侧放置。

4. 双板平行并与滚落线垂直。

5. 屈身后用手支撑身体，向侧面站起即可。

如何掌握平行移动技术

1. 双板平行与滚落线垂直站立。

2. 抬起一只滑雪板向身体侧面移动一步，然后另一只滑雪板再向同方向移动一步。这样反复交替进行即可完成向山上或山下的移动。注意，此种方法只适合于沿滚落线方向的移动，在移动过程中滑雪板要与滚落线保持垂直，并用边刃卡住雪面，防止滑动。

如何掌握八字行走技术

1. 面向山的上方站立，滑雪板呈外八字形放置，并用内刃卡住雪面，防止滑动。

2. 向上移动一只滑雪板，呈内八字状放置，并用边刃卡住雪面，再移动另一只滑雪板即可完成一个位移。反复交替使用即可向山上移动。注意，此种方法只适用于向山上方移动，在移动过程中，滑雪板始终呈外八字状，并用内刃牢牢卡住雪面。

滑降技术

149

1. 直滑降。

2. 斜滑降。

3. 犁式滑降。

高山滑雪的注意事项

1. 应仔细了解滑雪的高度、宽度、长度、坡度以及走向。由于高山滑雪是一项处于高速运动中的体育项目，看来很远的地方一眨眼就到了眼前，滑雪者不事先了解滑雪道的状况，滑行中一旦出现意外情况，根本就来不及做出反应，这一点对初学者尤其重要。

2. 了解滑雪索道的开放时间，在无工作人员看守时切勿乘坐，因为此时极有可能是工作人员乘坐的下班索道，在工作人员到达下车站后，索道即停止运行，如果你在空中被吊上一夜，发生冻伤事故的概率是非常高的。

3. 要根据自己的水平选择适合你的滑雪道，切不可过高估计自己的水平，而贸然行事。要循序渐进，最好能请一名滑雪教练。

4. 在滑行中如果对前方情况不明，或感觉滑雪器材有异常时，应停下来检查，切勿冒险。

5. 在结伴滑行时，相互间一定要拉开距离，切不可为追赶同伴而急速滑降。那样很容易摔倒或与他人相撞，初学者很容易发生这种事故。

6. 在中途休息时要停在滑雪道的边上，不能停在陡坡下，并注意从上面滑下来的滑雪者。

7. 滑行中如果失控跌倒，应迅速降低重心，向后坐，不要随意挣扎，可抬起四肢，屈身，任其向下滑动。要避免头朝下，更要绝对避免翻滚。

8. 视力不好的滑雪者，不要戴隐形眼镜滑雪，如果跌倒后隐形眼镜掉落，找回来的可能性几乎不存在。尽量佩戴有边框的、由树酯镜片制造的眼镜，它在受到撞击后不易碎裂。

6. 越野滑雪技术

越野滑雪是借助滑雪用具，运用登山、滑降、转弯、滑行等基本技术，滑行于山丘雪原的运动项目。越野滑雪起源于北欧，又称北欧滑雪，是世界运动史上最古老的运动项目之一，1924 年首次列入冬季奥运会比赛项目。比赛有男子 15 千米、30 千米、50 千米单项和团体接力比赛；女子有 5 千米、10 千米、20 千米单项及团体接力赛。比赛线路是上坡、下坡和平地各约占 1/3。为有利于发挥速度，应避免坡度过长、过陡和急转弯地段。运动员按赛前抽签决定的顺序佩带号码布，着经裁判检查认可并打有标记的滑雪板。

越野滑雪历史起源

据记载，1226 年挪威内战时期，两名被称为"桦木腿"的侦察兵，怀藏两岁的国王哈康四世，滑雪翻越高山，摆脱了敌人。现挪威还每年举行越野马拉松滑雪赛，距离 35 英里，与当年侦察兵所滑路程相同。越野滑雪比赛路线分上坡、下坡、平地，各占全程的三分之一。单项比赛出发时，每次 1 人，间隔 30 秒，顺序由抽签决定，以到达终点的时间确定名次。接力项目比赛时，集体出发，道次由抽签决定，以每队队员滑完全程越野滑雪的时间之和计算成绩和名次。

越野滑雪的发展

在 19 世纪 50 年代，当使用两根滑雪扦的传统滑雪方式真正确立后，随着顶尖选手的成绩的突飞猛进，这项运动比其它任何耐力训练（例如跑步或游泳）得到更快的发展。滑雪板的技术含量更高，选手们开始学习生理学，并学习如何训练身体来准备比赛。不过，滑冰技术也几乎在同步发展。

在 19 世纪 60 年代，出现了专门铺设滑道（或滑雪道）的机器。此前，由军队（即数百名使用滑雪板的士兵）负责为比赛压实和准备赛道。因为只有两条准备好的沟槽可供滑雪，滑雪选手只能保证两条腿平行，两条腿轮流推动，其它什么也做不了。不过，就在此时，芬兰的一个警察泡利斯通开始试验只留一条腿在沟槽中，另一条腿用于推动。当然，一条腿很快会疲劳，不得不换腿。这种方法称为"斯通步"或"半滑冰"。使用新型的铺设滑雪道的机器压实滑道后，当滑雪者（特别是训练过长跑、腿部力量很好的人）开始在这样的滑道上试验这些新技术时，他们发现，两条腿轮流推动可以前进得更快，最多可以快10%，由此产生了滑冰式滑雪运动。

1924年，越野滑雪被列为首届冬奥会比赛项目，现设男子10公里（1992年列入）、15公里（1924年列入）、30公里（1956年列入）、50公里（1924年列入）、4×10公里接力（1936年列入），女子5公里（1964年列入）、10公里（1952年列入）、15公里（1984年列入）、30公里（1992年列入）、4×5公里接力（1956年列入）。

越野滑雪简介

单项比赛采用间隔单人出发。除雪板前部和雪杖外，双脚位置不得超过起点线。比赛名次根据运动员按规则滑完全程所用的时间决定。运动员到达终点时至少有一只脚穿带有标记的滑雪板，否则成绩无效。接力比赛分男子4×10千米和女子4×5千米比赛。除按单项比赛规则进行外，在每一站设以终点线为基点前后各延长15米的接力区。交接时上一站队员必须在接力区内用手触及下一站队员的身体任何部分方可完成交接。成绩以全队滑完全程所用时间的总和计算。

场地布置说明

雪上运动场地。线路要尽量选择森林地带的多变地形，要保证雪质、雪量，线路宽度应达到4~5米，雪面要经过机械或人工捣固、踏压，厚度至少10公分。最好在线路的一侧开有带雪辙的雪道，两条雪辙的内壁相距15~18公分，雪辙深度至少2公分，雪辙的宽度以雪板的固定器不撞击两侧雪壁为准。线路的着板雪面低于撑杖雪面2公分或在同一高度上，线路的另一侧不开带有雪辙的雪道。线路应平坦、宽阔，其中上坡、下坡和平地各占1/3。要避免单调而过长的平地滑行、难度过大的急陡坡滑降，以及连续较长距离的登行。开始阶段要较易滑行，难度应出现在全程的3/4处。在出发后2~3千米内不应出现难度极大的急陡坡，在终点前1千米内不应出现较长的危滑降，线路中要避免有危险的斜滑降，同时要避开冰带、陡角和狭窄的地带。

线路的布置说明

女子 5 公里为 100 米；女子、少年男子 10 公里为 150 米；少年男子 15 公里、成年男子 10 公里为 200 米；成年男子 15 公里以上为 250 米、线路的极限登高（指一次登行的高度差）要求在 200 米的距离内，基本上不能有个地和下坡造成的高度中断。极限登高：女子 5 公里不超过 50 米；女子 10 公里、20 公里、少年男子 10 公里和 15 公里不超过 75 米；成年男子线路不超过 100 米。线路的累计高度（指该项线路中所有登行高度差的总和）：女子、少年男子 5 公里不超过 120～400 米；女子 10 公里不超过 250～400 米；少年男子 10 公里、15 公里不超过 300～450 米；北欧两项、女子 20 公里不超过 400～700 米；男子 15 公里不超过 450～600 米；男子 30 公里不超过 900～1200 米，男子 50 公里不超过 1000～1500 米。线路的最高海拔高度超过 1800 米，线路可采用圆周式或直线式。线路中用里程牌、方向标、方向旗和标志带指示和限定前进方向。接力竞赛的接力区选择在起、终点附近，要求平坦、宽阔。接力区长 30 米，应有明显的标志，并用栅栏围好。接力区前、后 100 米以内要平直，并有明显标志。如接力区位于终点线后，在终点线和接力区后沿之间，留有 5 米宽的安全区。接力出发线是以起点线中心雪道 100 米处为圆心，以 100 米为半径，画一条与起点线相切的弧线。起滑点间隔 2 米，起点至第二个 100 米间，至少有三条雪道，起点至第三个 100 米间，至少有两条雪道。线路 1000 米内不得有急转弯，距终点 100 米范围内至少有两条没有转弯的平直雪道。

越野滑雪训练方法

越野滑雪运动员的机能有各种不同的差别。在体力的训练过程中，对速度、力量素质要特别加以注意。越野滑雪运动员的机能训练应包括有保障达到运动成绩提高机能系统发展的规定。这个规定决定了越野滑雪运动员基本体能的发展水平，即耐力的发展水平。速度力量素质的发展是在一般的和专项身体训练中才能实现。

一般身体训练

1. 一般发展性的训练。在训练中对一般身体素质的训练，应是对全部肌肉群作用的训练，在完成基本部分的训练之后，采用柔韧性和伸展性相结合的训练，这种训练是发展具体肌肉群的训练，为的是对具体的肌肉群达到明显的作用。不论某肌肉群的力量如何低下，只要对他的发展有明确目的的经常性的训练，就会达到提高能力的目的。

沿崎岖不平的地形运动

越野滑雪运动员在训练的初期，为了达到体力训练的任务，可按预先指定的地形进行走步和跑步的训练，这些运动用 3 步/秒的步频完成。但是，这样的运动结果与滑雪的实际情况有明显的区别。为了提高耐力素质，采用负重走和跑，但要坚持循序渐进的原则，逐渐加大运动负荷，教练员应加强运动员的心理素质和生理机能的指标跟踪。培养运动员克服困难和战胜困难的信心和勇气。

2. 有明确目的速度力量训练的其它形式，做为速度力量训练的方法可采用很多形式的运动。更明确的说，像划船和游泳这些项目，对手臂、脚及腰、腹部肌肉力量的发展是很有帮助的辅助训练，为运动员创造良好的条件。上述运动是发展力量的前提。伴有手脚关节在内的完成大幅度运动的体操训练，对运动员在训练的间歇期间广泛的采用体操练习是必要的运动。游戏在越野滑雪中占有重要的位置。就运动游戏来说，不间断的交替、最大限度的爆发力和最大加速度的游戏。类似对速度力量训练方面起作用的游戏可以采用。增加趣味刺激减轻心里负荷。

专项速度耐力训练

1. 徒步模仿。徒步模仿运用于强度不大的训练中，坡度步长大约一半时，移动速度通常不超过 2.5 米/秒。对于高级别的越野滑雪运动员来说，徒步模仿的效果是不大的。对初学者，特别是在多次进行陡坡上坡模仿的训练效果是明显的，这是无雪季节进行专项训练的最基本的训练方法。

2. 持杖模仿。根据越野滑雪的技术特点，选择具有平地和上坡的有利地形，改进和提高技术动作，达到标准的动力定型，同时对发展肌肉群的作用是很明显的。首先的对大肌肉群的作用是很强烈的。采用持杖模仿训练通常是在难度较大的场地上进行，不仅能提高力量，对发展专项速度的影响也是很大的。

3. 滑轮。与用滑雪板的滑雪类似资料相比，具有同滑轮一样的从属关系，这个从属关系对高水平的运动员是可以借鉴的，同时指出运动速度还取决于滑动的条件。滑轮与柏油路面的良好接触，以及高质量的滚动都说明了它们之间的速度差异。在坡度不大的平地上运动时，滑轮与滑雪的速度，步长和步频的差倒是不太大的。采用5度以上的坡进行适当的训练是必要的，必须进行越野滑雪两种步法，即传统式的交替训练，并且用高速滑行，这是巩固和提高技术的关键。在场地的选择上，应避免过长的上坡，上坡的长度不超过300米，高度不能超过50米。参考方案：缓坡占50%，平地占35%，陡坡占15%，训练路线地形应比通常的地形更加起伏，落差不超过20米，对不同级别的运动员预先规定的滑轮路线，必须有不同难度的回转道。

模拟滑雪训练

采用模拟滑雪对力量训练，特别是在滑雪条件不好的和推迟滑雪期间是很有益处的。模拟滑雪训练有很多种，它的主要缺点是滑行不太好，在大强度的训练时，速度不高。在模拟滑雪时，脚和手用力一推的力量比滑雪明显的增加，它的训练量在无雪时期占周期性训练总量的5%。

滑雪训练

雪上训练对发展越野滑雪运动员的速度耐力是必须的，滑行的条件不同运动速度的增长也就不同。其中包括用高于比赛速度的5%～11%在1～2度的坡度训练。在负荷量降低或在增加休息时间以后，在某些地段上用比赛速度的100%～105%进行训练，用这个大于比赛的速度克服一系列短地段上的各种陡坡，在用大于比赛速度滑行的总负荷量大约占滑雪训练总量的5%。在赛季，在比较容易的路线上，每次训练不应少于5～7次的高速，目的是为了在一系列的竞赛中的部分段路上用最大速度滑行。第一次降雪后，应在坡度不大的上坡进行训练。在部分平地上的训练量不应少于40%。用滑雪板滑雪时，应特别注意手和脚的撑力。

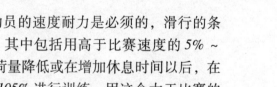

　　上述所指出的部分方法是可以改变的，这取决于所给的任务，但必须对训练的全部阶段进行改变。滑雪的痕迹，对训练应是个很好的证据。未经训练的痕迹想维持高速度的滑行是不可能的。对运动速度，步幅和步频需要经常的检查。越野滑雪运动员的速度耐力，仅在所采用的训练总量达到足够量时才能得到发展。

第四章

冰球运动的竞赛与裁判

1. 冰球运动概述

冰球简介

冰球，又称冰上曲棍球。是运动员穿着特制的冰刀、护具和服装，手持球杆在冰场上击球的一种冰上球类运动。冰球以击入对方球门内的球数多者为胜。是世界上最高速的球类运动。

冰球历史

冰球运动起源于19世纪中叶的加拿大。加拿大金斯顿流行一种冰上游戏，参加游戏者足绑冰刀，手持曲棍，在冰冻的湖面上追逐拍击

用木片制成的冰球。当时参加人数和场地均无限制，只立两根木杆作为球门，这就是现代冰球的前身。1879年加拿大蒙特利尔麦吉尔大学组织了一次正式的冰球比赛，规则是W.F.罗伯逊教授和R.F.史密斯教授共同制定的。最初规定双方参加者各为11人，后改为9人，又改为7人，最后改为6人。球杆与球也不断改进。后来，这项运动逐渐发展到美国与欧洲。1908年在巴黎成立了国际冰球联合会，总部设在奥地利首都维也纳。1920年冰球运动在第7届奥运会上被列为比赛项目。1924年第1届冬季奥运会在法国举行，加拿大队以绝对优势获得冠军。1924～1953年，加拿大冰球在世界上常处于领先地位，多次赢得世界冠军。1954年，苏联队战胜加拿大队，获得第21届世界冰球锦标赛冠军，加拿大独占冰球优势的局面被打破。冰球运动在中国已有60余年的历史。1935年在北平举行的第1届华北冰上运动表演会上，第1次举行了冰球比赛。中华人民共和国建立后，冰球运动得到迅速发展。1953年在哈尔滨举行首届全国冰上运动会，有5个队参加冰球比赛。以后在东北、华北等一些省、市相继成立各种形式的冰球队。从1955年起每年举行1次全国冰球比赛。1956年以后，中国冰球队开始参加国际比赛。1981年北京举办了世界冰球C组锦标赛，中国队获得亚军，晋升到B组。1986年在日本举行的第1届亚洲冬运会上，中国队获得金牌。

冰球是融足球、曲棍球和速度滑冰技术与战术思想为一体的体育运动。它的问世，稍晚于足球、曲棍球和速度滑冰。

冰球运动要求有敏捷娴熟的曲棍技巧和快速多变的滑冰技艺以及集体协作意识，是身体对抗性较强的集体运动项目。

据记载，在英、法移民和英国殖民主义者到加拿大以前，当地的印第安人已在冰上做一种有趣的游戏了。后来，英殖民者占据北美洲，英国驻加拿大士兵受印第安人的启发，悠悠闲暇之余，常在冰上打罐头盒。

正当各国冰上活动还处于游戏阶段时，加拿大留学生乌·罗伯逊把在英国学习期间了解的曲棍球打法用于冰上，并结合印第安人的"拉克罗斯"球的特点，创立了一种新型的冰上运动，这就是冰球运动的雏形。

1858 年，这种运动从蒙特利尔和魁北克等地迅速蔓延到整个加拿大。所以，原始的冰球运动也有"加拿大球"之称。1875 年，相关组织制定了简单的冰球比赛规则。1879 年，冰球比赛正式开始。1890 年，第一个冰球组织——安大略冰球运动协会成立。

此后，这项运动传入欧洲及世界各国并流行起来。

冰球装备

用具：冰球运动员的用具包括冰球鞋、冰球刀、护具、冰球杆。

冰球鞋：为高腰型，鞋头、鞋帮、两踝、后跟等外层均为硬质。前面的长鞋舌加上硬实的高腰，可将腿踝箍紧，帮助运动员支撑和用力。冰球鞋原为优质牛皮缝制，60~70 年代出现全塑料模压鞋。现在国际上多用尼龙纤维鞋帮、塑料底的冰球鞋。这种鞋比皮制鞋轻、坚硬、耐湿，适合室内冰场使用。

冰球刀：原为铁托钢刃，现多采用全塑刀托。优质合金钢刀刃，具有质量轻、抗击打、不易生锈等优点。冰球刀刀身高而短，弧度大，刀刃较厚。刀身高，在运动员急转弯冰刀倾斜时也不会使鞋触及冰面；刀身弧度大，和冰面接触面积小，可以灵活地滑跑和改变方向；刀刃厚，可抗打击而不弯；刀刃带有浅沟可使其锋利持久。守门员的冰鞋在鞋的四周包有特殊加厚的硬皮革，以抗球击打，保护脚部。守门员冰刀与运动员冰刀有较大区别，它全为金属制做，刀身矮而平，刀刃与刀托有多处连接以防漏球。

与花样冰刀最大的不同点为冰球刀受力面积较小，灵活，抗击打。

冰球护具：冰球运动员和裁判员装备。有头盔、护胸、护肘、手套、护裆、裤衩、护腿和守门员头盔等。所有运动员必须戴冰球头盔，裁判员和边线裁判员亦可戴头盔。国际冰联批准的 20 岁或 20 岁以下的年龄组比赛，运动员必须戴全护面罩，其结构应能阻挡冰球或冰球杆刃的通过。所有护具（除手套、头盔和守门员护腿外）必须全部穿在运动服里面。手套的全部或部分被摘掉，或割裂而露出手时则视为非法装备，将受小罚。守门员的全部护具是为了保护头或身躯，不允许有任何能给守门员以不合法帮助的装备。守门员手套上拇指与食指之间的窝，不能大于拇指与食指充分张开时所形成的角度面积，更不允许有多余的网兜或起小网兜作用的附加物。附在手套背部或组成部分的护垫，宽不超过 20.3 厘米，长不超过 0.6 厘米。守门员护腿穿在腿上时，最宽不超过 25 厘米，被使用过的护腿，宽度准许扩张 2.5 厘米。现代冰球护具一般多采用轻体硬质塑料外壳，内衬海绵或泡沫塑料软垫。守门员戴有特制的面罩、手套，加厚的护胸及加厚加宽的护腿。

冰球杆：为冰球运动器材。用木质或其它经国际冰球联合会检验批准的材料（如铅质或塑料）制成。由杆柄和杆刃组成。分为普通球杆和守门员球杆。普通球杆从根部至杆柄端部长不超过 147 厘米；杆刃从根部至端部长不超过 32 厘米，宽 5.0 ~ 7.5 厘米，其全部边沿是斜面，从杆刃根部任何一点到端部画一直线，从直线至刃的最大弧度外的垂直距离不超过 1.5 厘米。守门员球杆的杆刃后跟部分不宽于 11.5 厘米，其它部分不宽于 9 厘米，从根部至杆柄端部长不超过 147 厘米，杆刃从根部至端部长不超过 39 厘米，长柄的放宽部分从根部向上长不超过 71 厘米，宽不超过 9 厘米。

冰球：为黑色硬橡胶或经国际冰联批准的材料制成。球厚 2.54 厘米，直径 7.62 厘米，重量为 156 ~ 170 克。

冰球术语

1. 比赛的开球点：红色中线最中间有一个蓝色点，这就是开球点。每局比赛开始或者射中球门以后，双方都要在这个点上争球，以此开始下面的比赛。

2. 争球点：此外，场地上还有另外 8 个点，称为争球点。比赛中，如果攻队队员由本队半场将球直接打过对方球门线形成"死球"，裁判员要鸣笛停止比赛，把球拿回到攻队的守区争球点，双方争球，重新开始比赛。

3. 越位：在球没有进入攻区之前，攻队队员不能先于球进入攻区，否则就是越位。此时，裁判员要鸣笛停止比赛，把球拿回到中区争球点重新争球开始比赛。

4. 合理冲撞：比赛中，运动员可以用肩、胸、臀冲撞对方控球队员，但不得滑行三步以上或跳起来进行冲撞，也不得从背后或距离界墙 3 米以内向界墙方向猛烈冲撞，否则就是非法冲撞。

凡是非法冲撞者，裁判员将视情节对他进行 2 分钟小罚或者 5 分钟大罚及附加 10 分钟违例。严重者将被判罚为严重违例或者取消比赛资格。

5. 犯规：因为冰球比赛速度极快，运动员手中又有冰球杆，场上竞争局面如果不得到适度控制，就会出现极不文明甚至危险的现象。因此，规定下列动作都不允许出现：

用手推人、抱人，用腿绊人，用肘顶人，用杆钩人、绊人，横杆推阻，将杆举过肩部以上，持坏杆参加比赛，向场外投掷球杆，用杆打人，用杆头刺人或杵人。

出现以上现象，裁判员将视情节给与小罚、大罚、违例或严重违例的处罚。

6. 冰球各位置名称：C：中场；LW：左边锋；RW：右边锋；LD：左边卫；RD：右边卫；ccentre 中锋；Lwleftwing 左前锋；Rwrightwing 右前锋；Ldleftdefender 左后卫；Rdrightdefender 右后卫。

7. 肩部冲撞：是防守队员对控制球队员的一种抱截技术。冲撞时要降低身体重心，膝部弯屈，两脚比肩稍宽，上体前倾，后腿用力蹬

冰，用肩部向对方队员胸部进行冲撞。身体接触后，后腿用力向下蹬冰将对方撞倒，而后立即抱球。

8. 争球：每一场冰球比赛，从开始到结束，都要进行多次争球。它是获得球权的重要手段，在攻区争到球后，可直接射门得分，在守区争得球后，既可减少对球门的威胁，又可立即组织进攻。争球时，裁判员将球抛在两方争球队员的冰球杆之间的冰面上。争球队员面向对方端区站立，彼此相距约一冰球杆远的距离，杆刃放在冰上，两腿分立，两脚距离略比肩宽。集中注意力并对本队队员所站位置心中有数，待裁判员一抛球，立即迅速击拍争球，拨球给同队队员。

9. 击射：是一种最快、最有力量的射门方法。击球前，球的位置在两刀之间的身体侧前方。上体向后移动将杆向后上方举起，然后后腿用力伸展蹬冰，利用腰腹力量使上体向前移动，同时肩带、上臂肌肉发力，从后向前迅速摔拍。击球时，杆刃击在离球后几厘米的冰面上，利用冰面对杆产生的变形弹力，然后击打冰球，使球从杆刃后半部向前半部转动旋出。整个动作短促快速。

10. 侧躺：指运动员在比赛中身体向左或向右侧躺在冰面上，以阻止对方射门或阻挡球杆拨球。因动作类似棒球比赛中的滑倒，所以侧躺又被称为滑倒。

冰球用品

1. 球杆：

左侧为守门员的球棍，右侧为一般球员的球棍。

守门员的球杆和一般球员是不同的，拿法也不一样。

传统的球杆是木杆，由桦木、枫木或榆木刻成，近来则因材料的进步，而有不同的组合：棍身（铝/木/碳纤维/纤维强化复合树脂）＋棍头（木/玻璃纤维/强化树脂/碳纤维），一般木质的杆身多半不能换棍头，也就是说不管棍头是配什么材质，磨到一定程度就得整支换新。

而铝杆和碳纤杆则多能换棍头，磨耗后可选择喜欢的材质来更换。但是铝杆和碳纤杆的价钱并不便宜，而换好一点的棍头，价钱也和买一支全新的进口木杆差不多。

杆身越硬击出去的球越快，但须要强有力的臂膀，适合专业球员使用。

一般由冰上曲棍球选手击出去的球，球速可达 100 英里/小时，有经验的球员在做"速射"时，会打在球后的冰面上，再加上身体下压的力量，使球杆变弯。这个动作叫"负荷"，利用球杆弹直的力量，再加上自己的力量击出高速的球。但球杆越硬，则要用越大的力量来压弯，所以也就更难。

铝杆属硬杆，强化树脂杆则依其强化纤维的排列方式，而有不同的弹性及硬度，有很大的选择空间。

球杆的材质非常的重要，影响控球和球速，就如网球拍穿线的磅数一般。

2. 杆身与杆面的交角称做 lie，lie 的角度越小越好控球（球距身体较近），lie 越大控球的范围就越大。理论上应该是由身高，杆长和习惯来挑选，但是国内的商家还没那么专业，所以也就没什么选择。

球杆的长度依每个人的身高而定，原则是穿上溜冰鞋后将球杆竖直在身前，杆尾在下巴与鼻尖之间最理想，太长可自行锯短。后卫可以长一点，防守范围较大，前锋则可短一点，运球、射门较为灵活，可依个人喜好而定。

球杆可以在杆面和杆尾缠上专用的布胶，一般医疗用的布胶用起来也差不多。缠在杆尾的好处是可以增加摩擦力，戴手套握球杆是很滑的，至于缠在杆头可以增加摩擦力来控球，球杆有左右杆之分，持右杆的人持杆姿势为左手在上握住杆尾，右手握在左手下方一个前臂的距离。

要选择拿左杆还是右杆，有人是由左右撇子来决定，也就是右撇子拿右杆，左撇子拿左杆。这样惯用手是握在杆身中央，击球会较为有力。

与球棍有关的犯规动作：

钩球：用棍去勾对方身体；

Sparing：用棍的趾部去戳对方身体；

butt－ending：用杆顶舂击对方身体；

cross－check：双手持棍，而以两手间的棍身撞击对方身体；

highstick：在球门的 crossbar 以上击球。

女子冰球

一种由女子进行的冰球运动。始于加拿大。后流行于捷克斯洛伐克、日本等国。比赛规则类似男冰球，其不同处为每场只分上、中、下三局，每局时间为 20 分钟。两局之间休息 15 分钟。此外，冲撞对方胸部为犯规。相较男子冰球对抗性弱许多。

陆地冰球

陆地冰球来源于冰球，是国际冰球联合会管辖下的一个正式竞技体育项目。其规则与冰球极为相似，不同的是比赛分为 4 人制和 3 人制（守门员除外），参赛人数比冰球少，比赛中不允许任何冲撞。

陆地冰球运动员穿着轮滑鞋。比赛场地可以是木质、水泥、柏油或者是塑料，能在室外、半室外和室内进行。比赛用球与冰球相比两面多了数个塑料"疙瘩"，用以减少与地面接触的面积以减少阻力。

为了发展陆地冰球这个运动项目，国家体育总局冬季运动管理中心决定实施"北冰南展"计划，以提高中国冰球和陆地冰球的运动人口和运动水平。

规　则

1. 场地：

（1）目前国内陆地冰球所使用的场地，可分水泥（压克力漆）地面、磨石子地面、平滑柏油地面、木板材质地面等等。

（2）场地内的划线、标点必须标示清楚。

（3）比赛的场地尺寸：

最少最大

长度：40 米－60 米

宽度：20 米－30 米

对于场地的长度与宽度的比例是 2：1

（4）锦标赛的标准场地是 60 米－30 米的场地，而场地四角必须是圆角，但主办单位可因为场地的条件不足而有所更动，不过应该在比赛前的领队会议中提出。

2. 球门:

（1）球门的材质，可分为铁管、镀锌铁管、无缝钢管、无缝钯管等等。

（2）球门尺寸以内径测，铁管直径7.5厘米，高120厘米，宽180厘米，球门颜色是红色。

（3）球门须要面对面的放置于球场，擦边球门线正中间上，球门线距离球场底线2.5米~4.5米，必须以场地大小作调整。

3. 争球点/争球区:

（1）中线争球区的中心线宽是30厘米，颜色是红色，中线争球区必须于比赛场地的正中央，比赛开始、下半场开始、进球后重新开始均在此开球比赛。

（2）争球点是30厘米直径的实心圆点，争球时球杆杆头平放于争球点旁，不可以放入争球点内。

（3）中心线的争球区与边线的争球区，是直径为9米的圆圈，双方只能派一位球员入内争球，其它球员不可以进入。

（4）以球门线中心为基点向左右各测6.7米，再以该点向中心线测6米为争球点。

2．冰球运动规则

冰球场地

标准冰球场地

标准冰球场地最大规格为长61米，宽30米；最小规格为长56米，宽26米；四角圆弧的半径为7~8.5米。

国际比赛场地

国际比赛均采用长61米、宽30米、角圆弧半径为8.5米的场地。

界　墙

亦称"板墙"。冰球运动场地设备。用木料或可塑材料制成。高1.15~1.22米、面向冰场的一面平滑，不得有任何使运动员受伤的障碍物。所有场门必须向外开，保护网应装在界墙的外侧。除了正式标记使用的颜色以外，全部界墙为白色。国际冰球联合会举办的锦标赛，所用的场地必须在球门线两端以后的端线界墙上安装 1.6 米高的防护玻璃，沿边线界墙上安装 0.8 米高的防护玻璃，在防护玻璃上面再安装防护网。

球门线

在冰场两端，各距端墙 4 米，横贯冰场并延伸到边线界墙，画出宽 5 厘米的两条平行红线为球门线。两个球门固定在球门线的中央。两条 30 厘米宽的蓝线横贯整个冰场并垂直延伸到边线界墙，将两条球门线之间的区域作三等分，自己球门一侧为守区，中间为中区，对方球门一侧为攻区。

中 线

在冰场中间，有一条宽 30 厘米的红线平行于蓝线，横贯冰场并垂直延伸到边线界墙，称为中线。中线的中间有一个直径为 30 厘米的蓝点为开球点。

争球点

在中区和两端区有 8 个直径为 60 厘米的争球点。

争球圈

一共有 5 个，分别为半径 4.5 米。

球门区

在每个球门前有一 1.22 米 ×2.44 米，由线宽 5 厘米的红线连成的长方形，称为球门区。

裁判区

在中线附近靠近一侧边线界墙的冰面上画有半径为 3 米的半圆形裁判区。

冰球门

冰球门宽 1.83 米，高 1.22 米，球门内最深处不大于 1 米或小于 60 厘米。球门支架后面应覆盖门网，门内悬挂垂网，以便把球挡在门内。球门柱、横梁等向外的表面为红色，向内的表面和其余支架、底座的内表面为白色。在冰场一侧的界墙外设有分开的、供比赛队使用的队员席，对面边线界墙外设裁判席和受罚席。为使比赛顺利进行，冰球场必须备有信号装置、公开计时装置和光线充分良好的照明设备。

基本规则

在一场冰球比赛中共有两支球队参加，在全部给定的比赛时间内，每支球队场上队员为6名。当有队员因犯规受罚下场时，每队将不再是6名队员了。

每名队员都配备一支带杆刃的冰球杆来控制场上唯一的一个小而坚硬的扁平黑色圆盘形球，它被叫做冰球。（它之所以坚硬，是为了更好地在冰面上滑动）。冰球比赛的意图是尽量比对方更多地把球射入对方球门，同时积极有力地防卫本方球门。

每队都有一名守门员，两名后卫以及分为中锋、右边锋和左边锋的3名前锋。除了两队的队员外，允许在场上出现的其他人员只有3名裁判人员：一名裁判和两名边线裁判。

每场比赛分3局进行，每局为20分钟，两局之间有15分钟休息或接受电视采访的时间。除非是平分决胜（或出现平局），否则没有加时赛。比赛中断十分频繁，计时器也会随之停下来，这样就确保了观众观看每局实际比赛的时间为20分钟。

比赛开始时每个队员都有自己的基本位置：（1）守门员。（2）后卫。（3）边锋或前锋。（4）中锋。

球门上覆有一个球门网，如果一个队射门，它可以把球挡在球门内。守门员是防守的最后防线。他可以用球杆控制球，可以抓球、握球、抛球、扑球、踢球、用身体或球杆断球。所以，守门员的装备很沉重，并且有一只比任何人都大的球杆。他还必须戴面罩作进一步保护。在球门前的小半圆形被称作球门区，它是防守区域，除非冰球在球门区内，否则对方队员不允许站在球门区内或干扰守门员。当冰球完全穿过与球门杆平齐的红线时即获得一分。

两名后卫通常是并肩作战，他们的位置是在球门和攻区之间，后卫的任务是要试图阻止冰球穿过他守卫的蓝线，如果球一旦过了蓝线，他就要争取阻截冰球并把它传给前锋。后卫的主要职责是防守，所以后卫绝对不能站错位。

中锋主要是在左右边锋之间的中场上下来回活动。通常是由中锋来争开球开始比赛，然后他把球传给企图进攻射门的一个边锋。中锋要试图自己进攻射门，或者传球给边锋去射门。中锋同样肩负防守的任务，要防卫本方区域并从对方队员杆下阻截球。左右边锋，顾名思义，场上位置是在左右两边，他们运球，并试图与中锋配合，以射门得分来奠定比赛胜局。当球被断走时，他们还必须去阻截对方队员进攻。

说到处罚，是由裁判员判罚那些多次一般性和明显犯规的队员，如用杆打人、绊人、打架、向界墙猛烈撞人（过分猛烈地把对方队员撞向界墙）、肘顶人、杆刃刺人（用冰球杆），横杆推阻（遇到对方队员时拿起球杆阻拦）或者延误比赛。处罚的时间分为 2 分钟、5 分钟、10 分钟和罚下场。比赛中要求宣告员在队员犯规受罚后，立即宣告其犯规判罚的名称及判罚时间。被判罚的队员坐在另一个坐席上，通常那个坐席是在场地远离队员的另一侧。

比赛结束时，一队获胜（其中得分多的一队为胜队），两个队的队员列队相互握手，以表示两队间的友好并向胜队祝贺。

冰球国际规则

比　赛

国际冰球联合会根据比赛成绩，将所有会员国按冰球运动水平高低划分为 A、B、C 3 组，A 组 6 个队，B 组 8 个队，余下为 C 组。A 组可参加奥运会冰球比赛和世界冰球锦标赛。3 个组之间按每年比赛成绩实行升降级制度，即 A 组、B 组的最后两名翌年分别降入 B 组、C 组；B 组、C 组的最前两名翌年分别升入 A 组、B 组。冰球比赛在同一组别的两个队间进行。每队 20 人。比赛时每队上场 6 人，3 名前锋、2 名后卫、1 名守门员。运动员在被界墙围起来的冰球场内按规则运用滑行、运球、传球、射球、身体阻截等技术，在战术配合下相互攻守，力争用冰球杆将球射入对方球门。比赛进行中可随时换人，运动员犯规要受到离场 2、5 或 10 分钟以至更重的处罚。全场比赛分为 3 局，每局 20 分钟，中间休息 15 分钟。最终以射门得分多者为胜。

规　则

1. 冰球比赛的裁判人员。裁判人员包括两名场上裁判员，两名监门员（球门裁判员）。两名边线裁判员，一名计时员和一名记分员。（两位）场上裁判员共同控制整个比赛，各负责一个半场。边线裁判员主要负责当有人越位时打出信号。

2. 冰球几种犯规动作。冰球是一项发生身体接触的比赛。在对方身上犯规的可能性很多，犯规包括：撞人，绊人，用膝顶人，用肘顶人，举杆过肩和用冰球杆戳人等。

3. 冰球比赛如何开球。比赛在争球圈内开球。裁判员站在中圈里，把球落在两个相对而立的中锋之间。

冰球比赛人数规定

每场两队参加，一般每队由 *23* 人组成，上场 *6* 人。按位置分为：守门员 *1* 人，后卫 *2* 人，前锋 *3* 人。比赛进行中，运动员可不通过裁判随时进行更换。

冰球场上的犯规

因为冰球比赛速度极快，运动员手中又有冰球杆，场上竞争局面如果不得到适度控制，就会出现极不文明甚至危险的现象。因此，规定下列动作都不允许出现：

用手推人、抱人，用腿绊人，用肘顶人，用杆钩人、绊人，横杆推阻，将杆举过肩部以上，持坏杆参加比赛，向场外投掷球杆，用杆打人，用杆头刺人或杵人。

出现以上现象，裁判员将视情节给与小罚、大罚、违例或严重违例的处罚。

冰球的越位

越位是冰球的基本原则之一，几经更迭，没有变化。越位就是球每次完全过蓝线的时候，必须在攻方所有球员之前进入蓝线。所以说，当防守方，被攻方围困的时候，只要把球打出蓝线，就完成了防守的第一步。因为攻方所有球员必须全部退出对方的禁区，重新组织进攻。给防守方赢得了时间，可以组织反攻或者换人等有利守方的战术。在球每次完全过蓝线的时候，球只要在攻方第一个进蓝线球员的冰刀完全进入蓝线之前进即可，所以说有些场面就是很多球员一只脚在蓝线里，一只脚在蓝线外，沿蓝线横向过人后进入对方蓝线内，裁判是不吹的。如果大家在看比赛，因为速度太快，无法判断是否越位的时候，可以看边裁的手势。如果是球进蓝线，边裁右手垂直高举，此球是处在越位的位置上。此时边裁会边举手，边喊 OFFSIDE，让攻方球员清楚。如果此时攻方球员控球，裁判会吹哨停止比赛，在蓝线外侧的争球点主持争球。而如果是守方球员控球，裁判喊了 OFFSIDE 之后，攻方球员应当主动退出对方蓝线禁区，不得参与进攻，如果一意孤行，继续参与进攻，裁判会吹哨停止比赛，判罚故意越位违例，将会回到攻方球员自己的禁区内的争球点争球。而如果球进蓝线时没有越位，裁判会两手平举，高喊 GOOD，让攻方球员知道，进攻可以继续进行。

在前面一段讲了防守方的第一步就是把球带出蓝线，第二步就是带到红线，如果没有带过红线，在自己的半场把球打到对方的底板区的话，那么裁判就要吹哨，停止比赛。把球带回防守方的禁区内的争球区重新争球，叫做底板球，或者也叫解围违例。这时候防守方不得换人，而且也没有商业暂停。此举主要是为有利于进攻所设置，不让球员轻易解围。在奥运会和国际比赛中，球只要打到底板，裁判即可吹哨停止比赛。但是在 NHL 和北美的一些联赛中，球打到底板后，第一个触球的必须是攻方回追球员，裁判才吹哨停止比赛。这是一个比较复杂的规则，裁判可以视各种情况而决定吹罚与否。比如说如果解围时直接射向球门，或者解围时碰到了攻方球员，更或者球速在解围后太慢，攻方肯定有时间回追的情况下，裁判是可以不予吹罚的。这时候大家仍然要看边裁手势，如果在球出红线的时候，边裁右手垂直向上，并追赶球的时候证明此球为底板球。如果此球出红线时，裁判两手平张，证明此球是好球，不必吹罚。底板球队防守方的限定在多打少时对人少的那一方无效，但是对人数占优势的一方仍然有效。

这两个规则是冰球比赛中的基本规则，也是比较难懂的规则。大家如果从上面的文字仍然不能了解的话，看比赛的时候只要看裁判的手势即可知道这些球的判罚与否。一般来说，遵循进攻有利原则，冰球比赛不会主动停止比赛，但是如果裁判手势垂直向上的话，就是说比赛即将被暂停。

比赛中还有很多让人一开始琢磨不透的东西，比如说换人，按照规则就跟游泳比赛的接力一样，必须一个人先触板，后面接力的人才能跳下水。冰球比赛的换人也是一样的，比赛不会为换人而中断，但是换人的时候必须小心，不小心的话会换人失误，比如说过慢的话，会被对手抓住空挡，打反击。但是，有的时候最致命的换人会导致场上比赛人数过多。如何判定是否多人，这要看边裁的眼睛了，主要规则就是，换人的时候，当新上场的队员触球或者参与进攻的时候这时裁判要开始数人，如果超过 5 人，裁判就要吹停比赛，给与场上多人的队判罚。

冰球运动员技术等级标准

国际级运动健将

凡符合下列条件之一者，可申请授予国际运动健将称号：

冬季奥运会、世界锦标赛

1. 第 *1* 名，授予参加比赛的全体运动员；

2. 第 *2* 名，授予参加比赛的 *18* 名运动员；

3. 第 *3* 名，授予参加比赛的 *16* 名运动员；

4. 第 *4 – 5* 名，授予参加比赛的 *14* 名运动员；

5. 第 *6 – 7* 名，授予参加比赛的 *12* 名运动员；

6. 第 *8* 名，授予参加比赛的 *10* 名运动员。

运动健将

凡符合下列条件之一者，可申请授予运动健将称号：

1. 世界锦标赛第 *9 – 11* 名，授予参加比赛的 *12* 名运动员；

2. 世界锦标赛第 *12 – 14* 名，授予参加比赛的 *10* 名运动员；

3. 亚洲冬季运动会第 *1* 名，授予参加比赛的 *18* 名运动员；第 *2 – 5* 名，授予参加比赛的 *15* 名运动员；

4. 全国锦标赛第 *1* 名，授予参加比赛的 *11* 名运动员；第 *2* 名，授予参加比赛的 *9* 名运动员；第 *3* 名，授予参加比赛的 *7* 名运动员；第 *4* 名，授予参加比赛的 *5* 名运动员；第 *5* 名，授予参加比赛的 *3* 名运动员。

5. 全国运动会第 *1* 名，授予参加比赛的 *15* 名运动员；第 *2* 名，授

171

予参加比赛的 13 名运动员；第 3 名，授予参加比赛的 11 名运动员；第 4 名，授予参加比赛的 10 名运动员；第 5 名，授予参加比赛的 9 名运动员。

一级运动员

凡符合下列条件之一者，可申请授予一级运动员称号：

全国锦标赛：第 1 名，授予除运动健将外的其他 10 名运动员；第 2 名，授予除运动健将外的其他 8 名运动员；第 3 名，授予除运动健将外的其他 6 名运动员；第 4 名，授予除运动健将外的其他 4 名运动员；第 5 名，授予除运动健将外的其他 2 名运动员。

二级运动员

凡符合下列条件之一者，可申请授予二级运动员称号。

1. 凡参加全国锦标赛的运动员；

2. 凡参加其它全国性比赛（青年锦标赛除外）前三名队的申请人数不超过 80%，其余各队不超过 30%；

3. 在省、自治区、直辖市举办的不少于八个队参加的锦标赛中，获得前三名队的运动员，申请人数不得超过 50%；

4. 在地（市）举办的不少于六个队参加的锦标赛中获前三名队的运动员，申请人数不得超过 30%。

三级运动员

凡符合下列条件之一者，可申请授予三级运动员称号。

1. 参加各省、自治区、直辖市锦标赛的各队运动员；

2. 在地（市）锦标赛中获得前三名队的运动员，申请人数不得超过 80%，其余各队不得超过 60%；

3. 在一个年度内进行八次比赛，战胜三个不同的队者。

少年级运动员

凡符合下列条件之一者。可申请授予少年级运动员称号。

1. 凡代表地（市）参加省级以上少年锦标赛的各队运动员；

2. 在不少于三个队参加的竞赛中，获得冠军队的运动员；

3. 在一个年度中进行五次比赛，并战胜两个不同的队者。

注：1. 在达到各等级称号成绩标准的队中，其不符合该等级标准

条件的运动员，可以申请授予较低一级的等级称号。

2. 在达到各等级称号成绩标准的队中，如有个别运动员符合较高一级的标准条件者，可以申请较高一级的等级称号。

3. 关于三级和少年级运动员的比赛次数的计算：比赛一场算一场，每场比赛必须有一级裁判员主持，并签字证明才算有效。

3. 冰球运动技术

冰球技术

冰球的基本技术可分为滑跑技术和攻防技术两大类。滑跑是冰球运动员必须熟练掌握的最基本技术。包括起跑、正滑、倒滑、惯性转弯、左右压步转弯、急停等。滑行姿势应是上体抬起，稍前倾，眼睛向前看，两脚蹬冰频率稍快。这种滑行姿势有利于在场内骤然急跑、急停和频繁变换方向。攻防技术，包括控制球、传接球、过人、争球、射门等进攻技术和阻截、抢球、合法冲撞以及守门员防守等防守技术。射门是各项进攻技术中特别重要的一项。射门方法很多，有拉射、挑射、快拍、击射和补射等。这些方法又分正拍和反拍两种方式。现在又发展了弹射和垫拍等射门方法。

冰球比赛射门技术

冰球运动是速度快，争夺激烈，对抗性极强的冰上集体项目，它具有很强的观赏性。欧洲和北美等一些国家每年都把冰球比赛列为重要的赛事。吸引了众多的球迷参与和从事这项运动。然而冰球比赛的射门技术的运用，是决定比赛双方胜负的关键性技术。如何利用好每一次射门机会，破门得分，是诸多学者探讨的问题。

1. 技术分析。

(1) 因为影响射门命中率的因素有：射门方法、射门角度和射门区域。我们不妨先了解一下其中的概念，以便很好的理解。

①射门方法分击射、拉射、弹射、挑射、垫射。

a. 击射：是指手臂向后引拍至一定高度后，突然发力，球拍击打球的底部后，将球射出的技术动作。动作特点是：整个技术动作时间长，易被发觉而遭阻截。

b. 拉射：是指球拍压住球，由身体的侧后方向前拉动至最佳发力点发力，将球射出的技术动作。动作特点是：拉动时间长，而易遭防守。

c. 弹射：是指用球拍的前半部点击弹动球，将球射出的技术动作。动作特点是：时间短，发力快，整个动作迅速而隐蔽；球的初始速度快，但射程较短。

d. 挑射：是指用球拍的部分，将球挑离冰面，而射出的技术动作。动作特点同弹射。不同点是挑射没有弹动球的过程，挑起球的高度要高于弹射。

e. 垫射：是指接射或传来的球，队员用球拍垫出而完成的技术动作。动作特点是：球作用时间短，球的反弹速度快，守门员或队员很难防范。

②有效射门角度：是指射球队员与球门所形成的扇形角减去守门员遮住的扇形角度即为有效射门角度。

③有效射门区域：是指守区内的两个罚球点分别以两个球门柱之间的连线和以球门区半圆圆心点为圆心，分别以 3 米和 12 米为半径，所画出的扇形面积的区域。

（2）我们通过射门技术的特点分析球的命中率：

垫射。从技术特点分析，队员用垫、传射出的球，球突然改变方向，防守队员或守门员很难反应，没有有效防守时间。这种射门方法通常是垫射队员离球门较近，接球队员位置正是守门员防守的空挡，入射角较大，其接球后迅速射门，球命中的几率自然也就会增大。

弹射。其技术特点是队员弹动球拍，将球弹射出去的技术动作。这种射门动作较隐蔽，发力在瞬间完成，球速又较快，守门员和队员反应时间很短，所以较易射中球门。

挑射。这种射门的技术特点是将球高高挑起。一般采用离球门较近，打击球门的两个上角而实施的一种技术动作。通常是，守门员防守一般以下路为主，或者在守门员倒地扑球未果的情况下，而采取这种快速有效的射门技术。因此，这种射门的成功率也较大。

击射。这种射门通常是在有效射区内，持球队员离球门较远，又没有对方队员阻截，而采取的一种强攻手段，其特点是球速快；射球队员稍有一点偏差，球就会飞离球门；而在射球队员挥拍的瞬间，又给了守队队员和守门员防守的时间，入射角被守门员几乎封死，因而命中率自然就偏低。

所以，在表4自然就反映出：垫、弹、挑射的命中率依次增大。

2. 总结。因为冰球运动是速度快，对抗性极强的集体项目。运动员只有正确、灵活地利用好每一次射门机会，才能克敌制胜。这就要求我们运动员具有丰富的比赛经验和良好的赛前训练。既然我们已经知道垫、挑、弹、射的技术特点具有很强的隐蔽性，易破门得分，那么，我们不妨在训练中多练习这些技术，提高训练水平。尤其在短传配合上，应多下功夫。当然，一切比赛的胜利，是靠运动员良好的头脑，机智果断的判断，和良好的赛前训练，而获得的灵活而默契的技战术配合的，没有这一重要基础，任何想靠运气赢得比赛，都是不可能的。在比赛中，我们也可以更多地寻找机会，队员之间也应多创造机会，在有效射区内，利用好每一次最佳射门时机，很好地完成每一次射门，从而赢得比赛的最终胜利。

现在，我国冰球队仍处于B组和C组水平之间。提高我国冰球水平不仅要从选材上下功夫，选拔智商较高的运动员，从基础抓起。而且要从训练水平上下功夫，找出薄弱环节，有针对性地进行训练。尤其是在射门方法和时机运用上，应有重点地进行训练，才能不断提高我国冰球水平，为再次挺进世界B组，在B组站稳脚跟，打下坚实的基础。

冰球比赛的合理冲撞

冰球比赛中，运动员可以用肩、胸、臀冲撞对方控球队员，但不得滑行三步以上或跳起来进行冲撞，也不得从背后或距离界墙3米以内向界墙方向猛烈冲撞，否则就是非法冲撞。

凡是非法冲撞者，裁判员将视情节对他进行2分钟小罚或者5分钟大罚及附加10分钟违例，严重者将被判罚为严重违例或者取消比赛

175

资格。

冰球战术

战术是比赛中为了战胜对方而采取的攻防方法。它包括：

1. 进攻战术，有个人、2~3人和全队的进攻战术，全队进攻战术又可分为快攻和阵地进攻。

2. 防守战术，分为个人防守、2~3人防守和全队防守战术。

3. "多打少"和"少打多"战术，冰球规则有罚出场2分钟和5分钟的规定，场上可能形成6打5或6打4以多打少局面，这是得分的最好时机，多打少战术就是针对这一情况采取的一种特殊形式的进攻战术；反之少打多则是因队员被罚出场而被迫采取的特殊形式的防守战术。

第五章

冰壶运动的竞赛与裁判

1. 冰壶运动概述

冰壶简介

冰壶，又称掷冰壶、冰上溜石，是以队为单位在冰上进行的一种投掷性竞赛项目。冬奥会比赛项目，设男女 2 个小项。冰壶为圆壶状，由不含云母的苏格兰天然花岗岩制成，且世界上所有的制造优质冰壶用的天然花岗岩均产自苏格兰近海的一个小岛，也只有苏格兰人掌握着制作世界顶尖冰壶的技术。冰壶周长约为 91.44 厘米，高（壶的底部到顶部）11.43 厘米，重量（包括壶柄和壶栓）最大为 19.96 公斤。

冰壶历史

冰上溜石起源于 14 世纪的苏格兰，至今在苏格兰还保存刻有 1511 年份的砥石（即冰壶）。

1795 年，第一个冰上溜石俱乐部在苏格兰创立，1838 年苏格兰冰上溜石俱乐部制定第一个正式的比赛规则。

1807 年冰上溜石活动传入加拿大，1820 年起在美国等地流行。从此，冰上溜石作为一项冬季运动在欧洲和北美逐渐开展起来。

20 世纪初，通过加拿大冰上溜石爱好者的努力，这项运动的比赛规则和方法更加完美，并由室外逐渐移入室内，并于 1927 年举行首次全国冰上溜石比赛。首届世界冰上溜石锦标赛始于 1959 年，最初称为苏格兰威士忌杯赛，1968 年改称加拿大银扫帚锦标赛，1986 年正式定名为世界冰上溜石锦标赛。

1955 年冰上溜石传入亚洲地区，目前在日本、韩国等地非常流行。

1924 年，冰壶首次以表演项目的形式在冬奥会上亮相。1966 年国际冰上溜石联合会成立，1991 年改为世界冰上溜石联合会，同时获得了国际奥委会的承认。冰上溜石曾于 1924 年、1932 年、1936 年、1964 年、1968 年、1992 年 6 次被列为冬奥会表演项目。1993 年国际奥委会决定，从 1998 年开始，冰上溜石列为冬奥会正式比赛项目。在亚洲，冰上溜石从第五届亚冬会开始列为正式比赛项目。

中国的冰壶运动

十几年前，"冰壶"对中国人来说还只是一个无法生出任何想象的陌生词汇。1995 年，在世界冰壶联合会的大力推动下，由日本出人、加拿大出技术在中国举办了第一届冰壶培训班。

"学员练什么的都有，田径的、速滑的、冰球的。"许水生是培训班 70 多名学员中的一位，而他的"同学"，2009 年哈尔滨大冬会带领中国男"壶"夺取铜牌的张为教练当时是哈尔滨体校的舞蹈教练。然而，就是这样"生拉硬拽"起的中国第一支冰壶人才队伍到 1998 年时已是人去楼空。

2000 年，中国第一支冰壶队哈尔滨市队艰难成立，2003 年，第一支国字号队伍诞生。同年，中国加入世界冰壶联合会，自此，世界冰壶赛场才有了中国运动员的身影。

然而，就是用这短短的六年时间，中国冰壶人走完了其他国家需要十几年甚至几十年才能走完的路。2006 年中国女队获得世锦赛第五名的好成绩。时隔两年，在加拿大弗农举行的 2008 年世锦赛上，中国姑娘曾两度击败冰壶"梦之队"加拿大队，获得亚军。而男队随后在美国北达科他州举行的男子世锦赛上夺得第四名，同样创造历史最佳战绩。据说，那一届的女子冰壶世锦赛在加拿大创造了 93% 的高收视率，而这一切皆缘起于中国女"壶"在赛场上掀起的"东方旋风"。

中国冰壶为何进步如此神速？这是依靠了举国体制的保障，走了一条多出国训练、多与高水平队伍打比赛的发展"捷径"。没有国家的经费支持，任何一个项目都很难在短时间内有很大提高。中国队每年约有 7 个月的时间在加拿大训练。

此外，正如中国体育在北京奥运会的成功所证明的那样，从项目发达国家聘请高水平外教也是竞技成绩迅速提高的关键因素之一。中国冰壶队先后聘请了 4 位外教，他们带来了崭新的冰壶运动理念，帮助队伍加深对冰壶这个项目规律特点的认识。

带领中国女队夺取本届大冬会金牌的加拿大人丹尼尔·拉斐尔说过的一段话耐人寻味"中国队员每天都在练习冰壶，而在加拿大，绝大多数冰壶运动员都是白天工作一整天，晚上和周末训练。"

其实，中国冰壶队选择这种全日制的训练生活多少也是无奈之举。冰壶在中国是个绝对"冷门"项目，若要推广，先得打下一定的"知名度"。首先要取得比较满意的成绩，吸引社会的关注，引起国家的重视，这是第一位的。之后才谈得上普及，比如观众来到现场或在电视上看到比赛，知道的人多了，觉得这个项目挺有意思，然后产生亲身参与的愿望，而这是第二步的问题。

尽管中国冰壶在短时间内迅速走向竞技体育的"塔尖"，尤其女"壶"已提前拿到温哥华冬奥会入场券，但这项运动在中国的"塔基"并不宽厚扎实。

单从竞技体育角度来看，中国从事冰壶运动的只有百余人，专业冰壶馆 3 个，哈尔滨 2 个，北京 1 个，专业队伍只有哈尔滨市队和黑龙江省队等寥寥数支，北京的队伍也只是业余水平。而在冰壶强国加拿大，注册选手高达百万，专业冰壶馆上万，冰壶俱乐部无数。

作为第一代冰壶人，许水生见证了中国冰壶艰难的成长历程。"场馆实在太少了，青年队的孩子，上冰都得等到晚上一两点钟，别人不用的时候他们才能上，而且还不是专业的冰壶馆，就是普通的滑冰场。"

除了场地，昂贵的设备也是限制冰壶发展的一大障碍。冰壶比赛用的溜石必须用不含云母的苏格兰天然花岗岩打磨而成，一套高级冰壶（16 个）需要 12～13 万，普通的也要 4～5 万。而一套高档的冰壶个人装备（冰刷、冰壶鞋和运动服）少则 1 千，多则 4～5 千。此外，中国还缺少相关的专业人士，大冬会冰壶场地的制冰师是从加拿大和苏格兰请来的。

其实，冰壶是一项很适合亚洲人开展的运动，动静结合，注重技巧，对体能没有过多要求，更没有直接的身体对抗。用中国女队队长王冰玉的话说，这是一项"充满东方人智慧"的运动。日本和韩国也都在竭力推广这项运动。

事实上，冰壶也在吸引国人越来越多的关注。大冬会冰壶比赛刚开始时观众只有 600 多人，而最近几场比赛，人多的时候能够超过

3000 人。

其实，冰壶完全可以放下"贵族运动"的身段，场馆不一定要大，冰壶也可以磨来磨去反复使用；或者只是在冰上，画几条线，放上石头代替。曾几何时，网球和保龄球在中国也是一项奢侈运动，随着国人日益富裕也逐渐普及。所以，当冰壶积攒了足够的群众基础，就会有国内外投资者去主动开发这项运动的市场。场馆多了，玩的人多了，成本也不会那么高昂，而看似"高不可攀"的冰壶也会更加"亲民"。

2009 年 2 月 27 日，第 24 届世界大学生冬季运动会女子冰壶比赛完美收官，中国姑娘战胜世界冰壶强队加拿大夺得冠军，拿到了中国人在世界综合性冬季运动会集体项目上的第一块金牌。

2009 年 3 月 29 日，女子冰壶世锦赛在韩国江陵闭幕，中国女子冰壶队战胜瑞典对手获得金牌，收获了第一个世界 A 级赛事冠军。

2010 年 2 月 27 日，第 21 届冬奥会，中国队以总分 12 - 6 击败瑞士队，获得了铜牌。女子冰壶队首次参加奥运会就拿下铜牌，对于这支年轻的队伍可以说是非常不易。

轮椅冰壶

轮椅冰壶简介

轮椅冰壶是残奥会冬季体育运动发展最快的项目之一。运动员使用的冰壶石与普通冰壶比赛使用的冰壶石是一样的，使用的也是相同的冰壶场地和相同的比赛规则，只是允许不使用刷子。另一个不同是允许冰壶运动员选择使用有传石和稳定轮椅作为手杖（棍）。轮椅冰壶赛每场比赛六局，而普通冰壶比赛每场十局。

冬奥会轮椅冰壶

轮椅冰壶赛在 2006 年被纳入到冬季残奥会比赛项目。在轮椅冰壶决赛中，加拿大队以 7∶4 的大比分战胜英国队，成为该项目的第一个冬季残奥会冠军。

轮椅冰壶世锦赛

世界轮椅冰壶锦标赛于 2008 年 2 月 2 日至 9 日在瑞士的苏尔塞冰上竞技场举行。

有来自意大利，日本，加拿大，韩国，挪威，俄罗斯，苏格兰，瑞典，瑞士和美国十个国家的代表队参加这次比赛. 世界轮椅冰壶锦标赛最后决赛是由挪威队对韩国队争夺冠军，获得第三名的名次比赛是由美国队和加拿大队之间进行。结果挪威队以 5 比 3 战胜韩国队获得冠军，韩国队获得亚军；美国队以 9 比 1 战胜加拿大队获得铜牌，加拿大队获得第四名。

比赛的全部排名是：

挪威　金牌

韩国　银牌

美国　铜牌

加拿大　第四名

意大利　第五名

瑞典　第六名

苏格兰　第七名

瑞士　第八名

日本　第九名

俄罗斯　第十名

轮椅冰球世界锦标赛从 2002 年开始举行，历次冠军如下：

2002 年瑞士

2004 年苏格兰

2005 年苏格兰

2007 年挪威

2008 年挪威

轮椅冰壶组织

世界冰壶联合会成立于 1966 年 4 月 1 日，发起国有苏格兰、加拿大、美国、瑞典、挪威和瑞士，当时名为"国际冰壶联合会"，1991 年改用现名。工作用语为英语。

冰壶被列为 1988 和 1992 年冬季奥运会的表演项目，1998 年长野冬奥会上被列为正式比赛项目。

世界冰壶联合会的任务是在国际上作为冰壶运动的代表，促进该运动在世界各国的发展；促进协会会员间的合作与相互了解，团结全世界冰壶爱好者；维护世界冰壶运动的利益；组织冰壶比赛，制定竞赛规则；尊重协会会员的自治。

该组织的主要机构有代表大会、执委会、行政委员会。

协会会员出席大会的代表数与协会的规模有关，1 万人以上的协会有 4 名代表，3001 人到 1 万人的协会有 3 名代表，余者为两名代表。协会的表决票数也因协会人数多少分为 2、4、6、8 票 4 个等级。

代表大会授权执委会领导联合会的工作，执委会由主席、副主席、财务主任和 4 名委员共 7 人组成。由主席、副主席和财政副主任 3 人组成行政委员会，其职能是执行代表大会和执委会的决定。中国于 2002 年加入世界冰壶联合会。

冰壶精神

冰壶是一项技巧运动，也是一项传统运动。一击漂亮的投壶极其赏心悦目，观看一场真实地体现冰壶运动精神的比赛，且享有悠久历史盛誉的传统比赛项目也是一件乐事。运动员要赢得比赛但决不贬低对手。一名真正的运动员宁可输掉比赛，也不愿赢得不公平。一名优秀冰壶运动员从来不会故意干扰对手，也不会妨碍对方发挥最佳水平。任何一名冰壶选手都不应该违反比赛规则和任何规定。但是，如果他是非故意的犯规并且已经意识到了，他应该主动告知。如果比分相差太大，则应该主动认输，以免浪费对方的体力。虽然冰壶运动是一种竞技运动，但其精神实质要求好的运动精神，友善和可敬的行为。而这种精神是通过对竞赛规则的诠释和应用，以及所有场上、场下人员的行为得以体现。

冰壶术语

1. 得分区：直径 12 英尺，带有四个中心圈，内面直径 8 英尺。

2. 一个冰壶队：有 4 个队员：即第四号队员（拿刷子的队员），第三号队员（副刷子队员），第二号队员和首号队员（最先掷石队员）。在每次掷石中所有的队员都参与，要有一个掷石，两个刷子，一个呼叫策略。

3. 赛区：146 英尺的赛区。赛区设计的两个方向均可使用。

4. 拉引击石：这是最基本并最广为应用的射击，即将冰壶石掷在得分区之前或得分区内。

5. 防卫击石：将冰壶石掷在拱线和得分区之间用来防御对手的冰壶石进入得分区。

6. 敲退击石：将冰壶石放在一个或是多个已经在场上的冰壶石的前面。Tap－backs 就是将对手的冰壶石轻敲挤退远离得分中心线，但不将它击出，而使其停在掷石者的冰壶石的后面，如此一来对方便很难将这颗冰壶石击出场。

7. 通道击石：在两颗冰壶石中间的缝隙叫做通道。当掷石者需要让他的冰壶石通过两颗或是多阻碍石时，他便需要掷出一个 portsshot。

8. 晋升击石：是将一颗在得分区之前的冰壶石，即由射石撞击到更接近得分区的中心。同时这颗射石被晋升到中心石，起到卫兵的作用。

9. 晋升移除掷石：一颗冰壶石被射石撞击之后，往后推近并碰击到对方的冰壶石，而使对方的冰壶石被驱离得分区或出局。

10. 精彩击石：若希望将冰壶石掷到一颗卫兵石的后面；或是希望将一颗被保护的很好的冰壶石击出场，有一种方式是将冰壶石丢掷去撞击一颗停在外围的冰壶石，然后让掷石转向朝目标地方向前进。这种射击大概是冰壶最精彩的射击之一，因为这种射击通常会出现意想不到的结果。

11. 奉送击石：Freebies 有两种形式，这两种都牵涉到（两颗、多颗）冰壶石十分接近或甚至靠在一起。一种情况是连接两个冰壶石中心的线，朝（指）向得分区中心或目标区；另外一种情况是两颗冰壶石接点的切线，朝（指）向得分中心或目标区。

12. 削剥击石：当你的队处于领先的状况，或是你的对手有一颗冰壶石在得分区中，并被良好的保护着，你会希望移除在得分区之前的障碍（卫兵）石。当这种情况存在时，这个射击会被称为 apeel。Apeel 涉及到移除一个在得分区之前的冰壶石，而射石和被移除石同时撞出局，而没有进入（经过）得分区，以免造成任何损失。有时，利用撞击推进卫兵石，去移除被卫兵石保护的冰壶石，会是一个好的策略。但是这个策略也有很大的风险，只要一点小小的失误，你的射石就会留在原地成为对方的卫兵石，并奉送对手一个机会再放一个卫兵石或是放另一冰壶石到得分区中。

冰壶装备

冰上溜石的装备包括冰壶、比赛用鞋和毛刷。冰壶由苏格兰不含云母的花岗岩石凿磨制成，标准直径 30 厘米、高 11.5 厘米、重 19.1 公斤。参赛队员脚穿比赛专用鞋，两鞋底部质地不同，蹬冰脚的鞋底为橡胶制成，而滑行脚的鞋底为塑料制成。

冰壶是以队为单位在冰上进行的一种推滑冰壶的竞赛项目。这项运动起源于苏格兰，1924 年至 1992 年六次被列为冬奥会表演项目。1998 年起列为冬奥会正式比赛项目。都灵冬奥会冰壶比赛设男子和女子两枚金牌。中国没有派队参赛。

比赛每队出场 4 人。比赛时，双方按一垒队员、二垒队员、三垒队员以及主力队员的顺序，交叉向营垒推滑冰壶一次，之后再进行第二次推滑，如此方为完成一局比赛。每局以两队的冰壶距离营垒圆心的远近评定胜负。如甲队有两枚砥石距离圆心比乙队近，则甲队得 2 分，以此类推，比赛的结束以得分多的队为胜。两队首局推滑冰壶的先后以抽签决定，从第二局开始，则由上一局的胜队先推。

比赛时，运动员脚穿冰壶运动鞋，其中蹬冰脚穿的鞋为橡胶底，滑动脚穿的鞋为塑料底。推滑时蹬冰脚踏在起蹬器上，必须使冰壶越过对方前卫线而不超过后卫线，否则将失去比赛资格。

运动员的专业用鞋：滑行的一只鞋底部有专用滑板，运动员手里拿的是鞋套，平时套上鞋套保护滑板，不仔细看与普通鞋外型基本一致。辅助脚的鞋子正面前部粘有保护层，因为比赛中掷壶时这一部分向下需要与冰面接触产生摩擦。

比赛中运动员的鞋子，除了前端颜色外与普通鞋看不出有什么区别。比赛的冰道大约 44 米，冰面与花样滑冰和短道速滑的冰面不同，它不是完全平整的，最上面一层覆盖着特制的微小颗粒，运动员可以用冰刷刷冰面、以改变冰壶与冰面的摩擦力，也可以调整方向。

2．冰壶运动规则

冰壶场地

其实冰壶赛道的横截面是 U 型的，并不水平。之所以如此设计并不是制冰师的失误，而是制冰师专业水平体现，因为 U 型的冰面可以帮助高水平运动员打出弧线球。

场　地

冰上溜石所用场地是一个长 44.5 米、宽 4.32 米的冰道。

本　垒

冰道的一端画有一个直径为 1.83 米的圆圈作为球员的发球区，被称作本垒。

营　垒

冰道的另一端也画有一圆圈，被称为营垒。营垒是由 4 个半径为 0.15 米、0.61 米、1.22 米和 1.83 米的同心圆组成。外面两圆之间涂为红色。在场地两端各装有一个斜面橡胶起蹬器。在冰壶场地前后两端各有一条蓝色的实线称为"前卫线"和"后卫线"。冰壶掷出后，如果未进前卫线或越过后卫线都视作无效，将被清出场外。

边　线

任何接触到边线的石球都被视为出局，应立即从场地中移开。

圆　垒

冰道两端各一，由数个同心圆所构成。

起滑架

位于场地边缘与圆垒之间，球员在掷球时可借此将腿后蹬而向前。

场地示意图

圆心线

掷球时，若石球已通过掷球区的圆心线，则不可再重掷。石球掷出后，对方的刷冰员可在石球通过标的区的圆心线之前进行刷冰；之后，则对方主将有权进行刷冰，以使球离开圆心。

栏 线

掷球时，球员必须在掷球区的栏线之前将球离手。掷球后，若石球未完全通过标的区的栏线便停止，则此球视为出局。但若与在局中的球发生碰撞，则该球无须完全通过栏线。

冰 壶

冰壶由苏格兰不含云母的花岗岩石凿磨制成，标准直径 30 厘米、高 11.5 厘米、重 19 公斤。不易磨损。进行一场比赛每队需要 8 只冰壶，一只冰壶的价格大约是 1 万元。由于撞击带来的磨损，冰壶还需要定期更换。

冰壶比赛规则

冰壶比赛时，每场由两支球队对抗进行，每队由 4 名球员组成。比赛共进行 10 局。两队每名球员均有两个冰壶，即有两次掷球机会。两队按一垒、二垒、三垒及主力队员的顺序交替掷球，在一名队员掷球时，由两名本方队员手持毛刷在冰壶滑行的前方快速左右擦刷冰面使冰壶能准确到达营垒的中心。同时对方的队员为使冰壶远离圆心，也可在冰壶的前面擦扫冰面。

球员掷球时，身体下蹲，蹬冰脚踏在起蹬器上用力前蹬，使身体跪式向前滑行，同时手持冰壶从本垒圆心推球向前，至前卫线时，放开冰壶使其自行以直线或弧线轨道滑向营垒中心。掷球队员在力求将冰壶滑向圆心的同时，也可在主力队员的指挥下用冰壶将对方的冰壶撞出营垒或将场上本方的冰壶撞向营垒圆心。最后当双方队员掷完所有冰壶后，以场地上冰壶距离营垒圆心的远近决定胜负，每石 1 分，积分多的队为胜。

比赛分两队进行，两队各有四名球员，轮流丢掷石球，以赛前双方掷点离圆心近者先掷。每局在每队交替掷球，每人分别丢掷两球，八人共掷十六球之后结束。

主将应领导球赛。当队员掷球时，主将应持冰刷，作为掷球之目标物。主将并应指示石球之旋转方向及应滑行之距离，并使队员了解掷球之目的，以使刷冰员决定应如何刷冰，因为刷冰可使石球增加滑行距离，同时减少行进之曲度。

　　一场比赛需两组石球，每组各八颗，应上色彩以使在冰道另端仍可轻易辨识。传统上，在第一局中，不拥有最后一球掷球权的一队，可选择该队的球色。

　　比赛时，运动员要身着运动服，脚穿比赛鞋（或鞋套），比赛鞋（或鞋套）两脚的底部不同，蹬冰脚鞋的底部为橡胶，而滑动脚鞋的底部则为塑料。冰上溜石比赛用的标准砥石是由苏格兰产不含云母的花岗岩石凿琢而成。砥石的直径为29厘米，厚度11.5厘米，重19公斤。

　　球员位置

　　为避免拥挤，比赛规则对于球员的位置也有所规定：

　　1. 非掷球队：主将及副将可站立于标的端之底线后方，主将也可立于掷球队之主将之后。下一顺位之掷球员可站在后板附近，而其他球员则可站在冰道底端之后或两栏线之间。

　　2. 掷球队：持冰刷之主将（或副将）可立于标的端圆心线后方之任何位置。

　　特殊情况

　　若掷球员未在球抵达掷球端栏线之前将球离手，则另队有权选择该球之处理方式：

　　1. 仍视该球为有效；

　　2. 将该球视为出局，并将所有受该球碰撞之局内球放回原位。

　　球之意外受触

　　当石球掷出，正在滑行时，若掷球方的球员（通常是刷冰员）不慎以身体、衣服或是冰刷碰触此球，此球即视为受触球。在其滑行完成后，另队可就以下三者任择之一，对该球进行处分：

　　1. 仍视该球为有效。

　　2. 将该球视为出局，并将所有受该球碰撞之局内球放回原位。

　　3. 估算若球未受碰触，则场中各球的位置应会如何。并将场中各球移至其估算位置。

　　刷冰规则

　　掷球方之刷冰员可在两圆心线间为对方任何在移动中之石球刷冰。

但在圆心线之后，每队仅有一名球员可为对方之石球刷冰，且仅有主将可为对方之石球刷冰。

计　分

拥有位于圆垒中、位置最接近圆垒中心之石球之队伍得分。该队每颗位于圆垒中、位置较另队所有石球都更接近圆心之石球皆可获计一分。在移动任何石球之前，两队之第三应对得分情形获得共识。

测　量

若属于不同队之两颗石球无法判定何者较接近圆心时，除非另有石球更接近圆心，该局将被视为不计分。

冰壶比赛每队为四人。两个队比赛时共使用冰壶石（有人也称之为砥石）16 个。听从主力队员的指示，按照一垒队员、二垒队员、三垒队员、主力队员的排列顺序与对方一对一的对抗比赛。两个队的队员在冰上投球两次，每次投一个冰壶石。两队共投十六个冰壶石为一局。

主力队员做出迎战对策的指示。

扫冰队员使用刷子快速在冰上刷动，以改变冰壶石的滑行方向和速度。

投掷出的冰壶石一边旋转一边以适当的曲线向前滑行，冰壶石转一圈半到两圈半最为理想。

把对方队的冰壶石扫出圈外也是技巧之一。

如果冰壶石超过后卫线会失去比赛资格。

投石时，一定要在前卫线前把握着冰壶石的手松开。投出的石不过对方的前卫线时失去比赛资格。

四个队员融为一体，需要密切配合。

冰壶比赛用的冰场长 44.5 米，宽 4.75 米。从投球点起约 40 米远处画有圆形标志的地方为"大本营"（直径 3.66 米）。投出的石离大本营中心最近的队为胜。握石的手在松开的瞬间，即使出现微小的角度偏差，也会像高尔夫的 OB 一样滑到 40 米开外，而招致较大的失误。冰壶石重 19.1 公斤、直径 30 厘米，厚度最薄为 11.5 厘米。

一场为 10 局，比赛时间约 2 小时 30 分。两个队共投 16 个石为一局。以双方队员掷出的石离大本营中心的个数多少来计算得分并决定胜负。

冰壶运动员技术等级标准

1. 国际级运动健将：凡符合下列条件之一者，可申请授予国际级运动健将称号：

冬季奥运会、世界锦标赛：

（1）第一名，授予参加比赛的 5 名运动员；

（2）第二名至第四名，授予参加比赛的 4 名运动员；

（3）第五名至第八名，授予参加比赛的 3 名运动员。

2. 运动健将：凡符合下列条件之一者，可申请授予运动健将称号：

（1）冬季奥运会、世界锦标赛：

第九名至第十二名，授予参加比赛的 5 名运动员。

（2）世界大学生运动会、世界青年锦标赛：

①第一名，授予参加比赛的 5 名运动员；

②第二名至第四名，授予参加比赛的 4 名运动员；

③第五名至第六名，授予参加比赛的 3 名运动员。

（3）亚洲冬季运动会、太平洋锦标赛：

①第一名，授予参加比赛的 4 名运动员；

②第二名至第四名，授予参加比赛的 3 名运动员；

③第五名至第六名，授予参加比赛的 2 名运动员。

（4）全国冬季运动会、全国锦标赛、全国冠军赛：

第一名，授予参加比赛的 5 名运动员。

3. 一级运动员：凡符合下列条件之一者，可申请授予一级运动员称号：

（1）世界大学生运动会、世界青年锦标赛：

第七名至第十名，授予参加比赛的 4 名运动员。

（2）全国冬季运动会、全国锦标赛、全国冠军赛：

①第二名，授予参加比赛的 4 名运动员；

②第三名，授予参加比赛的 3 名运动员。

4. 二级运动员：凡符合下列条件之一者，可申请授予二级运动员称号：

（1）全国冬季运动会、全国锦标赛、全国冠军赛：

第四至第八名，授予参加比赛的 3 名运动员。

（2）省、自治区、直辖市举办的不少于 8 支队参加的锦标赛：

第一名至第三名，授予参加比赛的 4 名队员。

3. 冰壶运动技术

冰壶石的握法

冰壶石不仅是用手握的，也不仅是握在掌心深处，还需要手指与手掌的密切配合。用力的手指握紧冰壶石控制好持续投石的动作是非常重要的。投石时有大旋转和小旋转技巧。

冰壶投掷的方法

以双方队员掷出的石离大本营中心的个数多少来计算得分并决定胜负。以距离对方队大本营中心的石的个数来决定胜负。

1. 运动员蹲下身子并做成将身体坐在腿肚子上的姿势，伸直胳膊把冰壶石轻松地放在自己的前方。垂直肩膀、伸直胳膊、靠拢膝盖、端正身体。在身体放松的情况下，控制好平衡是非常重要的。

2. 在将冰壶石向前稍微移动的同时开始投石。在做投石动作之前，要先把躯干部分抬起。

3. 保持好伸直的胳膊与垂直的肩膀，关键是在抬起躯干的时候。其余只要掌握好冰壶石的握法与自我控制，并以正确的姿势投出冰壶石便不会失误。

4. 冰壶石是由肩膀用力而投出去的。靠伸直的肩膀前后摇摆来调节投石的距离。重要的是要控制好小横步，实际就是脚的转弯度。做投石运动时保持好重心也是非常重要因素。把身体的重心移到右侧稍微弯曲的脚上，用左脚来控制并掌握平衡。

5. 把冰壶石提到自己的前方，伸直胳膊然后把脚慢慢地移到冰壶

石的后方。因为身体的重心要从后脚移到向前弯曲的前脚上，所以要掌握好平衡。也可以借助拿刷子的手来调节平衡。

6. 投石运动员把冰壶石充分地提到自己的前方，同时脚伸直至后方并将身体向前移动。使肩膀垂直于帮助调节平衡的刷子是非常重要的。投出石的瞬间，前胸落到膝盖的内侧，冰壶石脱手而出，飞向目的地。这时身体完全保持平衡，甚至不用刷子来支撑。

7. 投石结束后，身体伸展到最低、最远的程度，到最后的一个动作完成为止肩膀保持垂直，胳膊也要伸出去。为了不养成坏习惯，投出冰壶石后使身体保持最低的姿势，直到投石结束为止。

冰壶技术

1. 从冰壶的比赛目的来讲，投掷这一环节，即是技术，也是战术。因为战术就决定了如何投石，而投石是否准确又取决于投石的技术能力，一个高技术含量的投石配合主将的指挥以及良好的刷冰能够决定一局比赛的胜负。

投石根据击打的目的可以分为：

（1）拉引击石。将冰壶石掷在得分区之前或得分区内。

（2）防卫击石。将冰壶石掷在拱线和得分区之间用来防御对手的冰壶石进入得分区。

（3）敲退击石。将冰壶石放在一个或是多个已经存在场上的冰壶石的前面。

（4）通道击石。当掷石者需要让他的冰壶石通过两颗或是多阻碍石时，他便需要掷出一个 portsshot。

（5）晋升击石将一颗在得分区之前的冰壶石，由射石撞击到更接近得分区的中心。

（6）晋升移除掷石。一颗冰壶石被射石撞击之后，往后推近并碰击到对方的冰壶石，而使对方的石冰壶石被驱离得分区或出局的射击。

（7）精彩击石。若希望将冰壶石掷到一颗卫兵石的后面。或是希望将一颗被保护的很好的冰壶石击出场，有一种方式是将冰壶石丢掷去撞击一颗停在外围的冰壶石，然后让掷石转向朝目标地方向前进。

（8）奉送击石。

（9）削剥击石。

2. 旋球就是在投掷的时候扭动把手，使冰壶带有旋转的前进。旋球的主要目的是击打被障碍球阻挡的对方冰壶，旋转可以使得冰壶在冰道上按照一条弧线前进，从而绕过障碍球而击打对方冰壶。这种投掷方法使得两冰壶碰撞的时候不能形成完全击打的效果，一般都是蹭到对方冰壶到边缘，或者形成轻微碰撞，使其远离中心，同时使己方的壶更接近。

另外，旋球的另外一个目的就是直接从侧面击打目标，这样可以使得目标球横向被撞出冰道或者远离中心。避免因为纵向撞击导致对方球被撞出之后行进路线上碰到己方已到位的球。

3. 冰壶的技术/战术其实就是投掷、引导和擦冰，三者都是默契配合的。不同的战术决定不同的投掷方式和力度，不同的战术也决定不同的擦冰方式和速度。

刷冰技术

冰壶比赛的冰面与花样滑冰和短道速滑的冰面不同，它不是完全平整的。冰面尽可能平整之后，将水滴均匀地喷洒在冰面上，冰壶的底面就在这"冰层"上滑行的。

适当的"扫刷"应该能够融化冰表面，使冰能够转化成薄薄的一层水，这样做能够减小"砥石"与冰面的摩擦。这样，冰壶可以走得更远。同时，也可以利用扫刷使冰壶改变前进方向，达到弧线的效果。

冰壶战术

先手进攻：利用 *1* 垒的两个球在中线附近占位，目的就是利用 *1* 垒的两个球对手不能击打的规则，抢先把中区防守住。然后后 6 个球利用一切手段攻进圆心附近，提高对手的失误率，达到得分的目的。坏处是就得到 *1 ~ 2* 分，一旦输分就会输很多。所以这是比较落后的战术。

冰壶比赛装备与战术配合

冰壶比赛原本就不多见，运动员的装备更是别具特色。笔者借助采访机会有幸观看了两场比赛，记录下一些瞬间，就浅显介绍一下冰壶比赛的运动员装备和部分瞬间：

图为比赛用的冰壶：每只 20 公斤，大理石制，底部有产自苏格兰的一种专门石料与冰面接触，磨损后可拆换。冰壶起源于苏格兰，国际冰壶联合会（简称：国际壶联）也在苏格兰。

运动员的专业用鞋：滑行的一只鞋底部有专用滑板，运动员手里拿的是鞋套。平时套上鞋套保护滑板，不仔细看与普通鞋外型基本一致。辅助脚的鞋子正面前部粘有保护层，因为比赛中掷壶时这一部分向下需要与冰面接触产生摩擦。

比赛中运动员的鞋子，除了前端颜色外与普通鞋看不出有什么区别。比赛的冰道大约 44 米，冰面与花样滑冰和短道速滑的冰面不同，它不是完全平整的，最上面一层覆盖着特制的微小颗粒，运动员可以用冰刷刷冰面、以改变冰壶与冰面的摩擦力，也可以调整方向。

这名队员正在用冰刷为队友掷壶路线进行"导航"，前方红色冰壶为对方冰壶，他正指挥队友将对方冰壶碰撞出圆。

掷壶选手在队友"导航"下开始掷壶。这是运动员在比赛中掷壶的标准姿态。该运动员左脚为滑行脚，右脚为辅助脚；前方左右各有一名队员手持冰刷，准备进行调整。掷壶运动员必须在前方横线之前将手离开冰壶手柄，冰壶在滑行中不能碰到冰道两侧护栏，否则都将被判为犯规。

运动员掷壶之后两名队员手持冰刷一直跟随冰壶，时刻准备进行调整。

场上四名队员可以同时刷冰。场上的圆为掷壶目标。距离圆心最近者获胜，冰道两头各有一个圆，每一局掷壶方向交替一次。

比赛中有不同的战术，可以设置障碍保护距离圆心最近的冰壶。将进入圆心的路线全部封住以保护最前方的冰壶。

冰壶运动员运动损伤特点及预防

冰壶是一项技巧与智慧、个人与集体相结合的体育运动项目。在比赛中，运动员之间没有任何对抗性的身体接触，对运动员体能没有过高的要求。因此，一般认为此项目不易导致运动损伤的发生，但是运动中的特殊技术动作与身体姿势均易引起相关部位的过度使用损伤与静力性损伤。本文通过查阅相关文献资料和对冰壶训练、比赛的观察及与国内冰壶裁判界权威人士的访谈得出相关结论，以期为国内对于冰壶损伤方面的进一步研究提供参考依据。

1. 冰壶运动损伤流行病学调查与特点。

（1）流行病学调查。在第 *11* 届全国冬季运动会期间，对我国男、女共 *50* 名冰壶运动员进行了运动损伤调查。结果显示，男子冰壶运动员运动创伤易发部位为腰背部、腕部、腰部和膝关节。致伤动作按致伤频率依次为扫冰、非冰训练和投壶。女子冰壶运动员运动创伤易发部位为肩部、膝关节和腕部。致伤动作按致伤频率依次为扫冰、投壶和非冰训练。该项目致伤原因主要是疲劳，其次为准备活动不充分，再次为带伤训练。

Reeser 和 Berg29 对全美冰壶锦标赛和全美男子俱乐部锦标赛的参赛队员进行了流行病学调查。结果显示，扫冰和投壶是最易引发冰壶运动员运动损伤的技术动作。扫冰动作导致的损伤还有使运动员缺席训练的可能性；在损伤部位方面膝关节、背部和肩关节伤病发生率最高。

（2）损伤特点。由于冰壶质量接近 *20* 千克，传统的投壶技术是高摆动投壶和低摆动投壶，即前推动作完成后不要停顿，开始把壶向后、向上拉，拉至起踏板位置时，壶体实际已经离开冰面，并继续向后摆直到摆至膝关节的高度。在壶后摆的同时，左脚向后直线移动约一脚距离，臀部稍微抬起。在这一动作过程中，肩的高度几乎没发生变化。这一系列动作应该是有节奏、连贯的，不应该有任何停顿。所以这类投壶技术对肩部力量要求较高，常使运动员出现肩部、背部肌肉疼痛症状，而且力量不足的女运动员，往往难以完成投壶动作。

当今广泛使用的"无摆动投壶技术"是从美国率先提出的，运动员利用脚蹬起踏器滑行推动冰壶前行，这种技术动作对于肩部和背部的负荷小，是较为理想的投壶方法。

在手离开壶体之后，运动员往往会继续滑行，协助指挥观察冰壶的运行轨迹。此时仍保持为膝关节和髋关节过度屈曲并外展的姿势，这对膝关节和髋关节的负荷很大。过度的屈曲使股四头肌牵拉髌腱力量增加，易引发髌腱末端病。膝关节半月板受力增加，随着体能消耗，技术动作变形，可导致半月板损伤。此时，膝关节外展带动踝关节外展，是为了增大足部与冰面的接触面积，但该动作加大了膝关节髌骨及交叉韧带的负荷，长期训练均会产生不适感。髋关节过度屈曲使臀肌和髂胫束紧张，在髂胫束和大转子之间有一滑囊，另在髂胫束浅面有一皮下滑囊，外伤或长期反复摩擦可引起滑囊炎症，致"弹响髋"发生。许多人发现在起踏板上的时间不能太久，一般不超过20秒。尤其是随着年龄的增长，这种下蹲的时间在缩短。下蹲的时间过长腿部会变得麻木僵硬，以至会影响起踏力量和滑行动作。最好时机是在即将投壶前再做下蹲动作。

扫冰要求运动员腕关节弯曲紧握扫冰刷，肩部带动上臂、前臂进行持续运动，同时运动员要保持在冰上的平衡。这使肩部、前臂、腕关节易出现过劳性损伤，如肩袖损伤、腕部扭伤、腕部创伤性腱鞘炎等等。上体持续前倾可导致腰背肌肉筋膜炎，反复地做弯腰动作可使腰椎间盘受到过度挤压而出现病变，颈部的过度弯曲也可导致颈椎病的发生。踝关节因剪步滑行扫冰动作中的支撑脚受力过大可致使扭伤、拉伤及过劳性损伤的出现。更重要的是有研究表明，长时间用力扫冰，因做爆发性动作腹内压升高，若引起腹腔压力突然增高冲破疝环腹膜，则有引发疝气的危险，应提早注意此类伤病的预防。滑行过程中不慎摔倒、不慎相互碰撞也存在发生挫伤、擦伤的可能性。据了解，冰壶运动员不乏在冰面摔倒后造成脑震荡及头面部擦伤的情况发生等。

在欧美部分国家，冰壶作为娱乐健身类项目较为普及。个别业余爱好者喜欢在进行冰壶运动，获得娱乐享受的同时饮用含有酒精的饮料，以提高兴奋性。酒后上冰可造成摔伤、撞伤等一系列严重后果。这对于冰壶项目参与者，尤其是冰壶运动员来说应是严格禁止与注意的。冰壶场馆内平均温度在-15℃左右，而且为防止出现水蒸气滴，场地四周均安置除湿机，使场地内有干冷感觉。运动员在做短时间大强度运动技术动作（扫冰）时，应注意保暖与防寒，预防冻伤和骨关节炎等疾病。需要特别指出的是，每支参赛队的指挥队员由于基本上没有扫冰动作，身体处于非运动状态，应准备符合国际冰壶联合会要求的短款棉衣御寒。

2. 致伤原因。冰壶运动中 2 种主要技术动作为投壶和扫冰。比赛中由双方队员在 45.72 米的场地内交替投壶（冰壶壶体为圆形，周长不超过 91.44 厘米，高不低于 11.43 厘米，含手柄和壶垫的质量在 17.24～19.96 千克）。

投壶包含平衡、时机、方向、松手四大技术要领，分为高摆动投壶、低摆动投壶和无摆动投壶 3 种技术动作。投壶时，腰腹肌肉等长期收缩使上体略前倾、固定并保持正直滑行。滑行脚作为支撑腿而屈曲，股四头肌伸展，踝关节背屈。蹬板脚（浮腿）伸展微屈，在进入预备姿势后膝关节最能发力的最佳角度范围为 135°～165°，股二头肌伸展，踝关节跖屈。投壶手的肩部三角肌收缩，带动上臂、肘关节、腕关节和手指协调运动。另一侧手掌心向下握扫冰刷下 1/3 部，刷子背面接触冰面进行支撑以维持身体平衡。

投壶过程中的错误技术动作主要为：平衡不佳、时机不当、投壶方向不准和松手技术有误。所谓扫冰是指操作扫帚或刷子，对滑行中的冰壶前方的冰面进行擦扫，以此来延长冰壶的滑行时间，使冰壶能够滑行更长距离的一种技术。正确的扫冰技术可以使滑行中的冰壶减少冰壶旋转导致的弧度，也可以保持冰壶的滑行速度。根据场地标准长度计算，运动员扫冰距离最长为 30.275 米，完成时间大多在 10 秒以内，属于短时间大强度运动。使用扫帚扫冰的动作要领为扫帚与冰面成 60°，上方的手紧握扫帚柄并能重复运动，下方的手轻握扫帚柄的中部，掌心朝上或朝下，这个部位是扫冰时的着力点，是运动的中心。身体与冰壶前进方向成直角，双膝微曲，身体重心位于前脚脚尖，此脚尖与前进方向一致。使用刷子扫冰的动作要领与使用扫帚时基本相同，但是如果在冰壶左侧扫冰，刷子就放在身体左侧，左手掌朝下，握住刷子近部，右手掌朝下，双手具有一定握距。扫冰时，运动员因单脚摩擦力较大并使用剪步行走技术，重心前移，身体前倾，双手握扫冰刷，肩部三角肌协同肱二头肌、肱三头肌交替收缩，下肢股四头肌、股后肌群、臀大肌肉交替收缩，腰背部肌肉进行等长收缩对躯干起到支撑、固定作用，肩关节带动前臂、腕关节持续运动完成扫冰动作。扫冰时错误的技术动作主要为：握法错误、身体位置错误、臂的动作错误和脚步移动错误。

3. 预防措施。预防冰壶运动损伤需要从技术动作改进、身体素质训练和充分的准备活动3个方面入手。

（1）技术动作改进。技术动作改进是使运动员了解所完成技术动作的特点和身体解剖结构。可以用 Poser 软件制作各种易导致损伤的动作及不正确的技术动作，形成具有良好可视性动画或演示效果的运动损伤模拟三维图像，以此来辅助教练员及运动员进行理解及认识。在存在损伤危险的技术环节上需改进动作或采用可预防损伤的手段，比如支持带、肌肉效贴布等，尽量消除致伤的生物力学机制。

（2）身体素质训练。身体素质训练需要提高冰壶项目所需的速度、力量、耐力、柔韧素质以及平衡能力，从而保证运动员在比赛中有效地运用技术、战术，取得优异成绩。同时还应注意运动员在非冰期的状态、力量和柔韧、控制技术、心理等方面的训练，为进入赛季训练奠定良好的基础。

（3）充分的准备活动。对于运动员来说，应提高自我预防意识，在训练前先在冰场适应性练习并熟悉场地；充分做好准备活动，准备活动要分陆地准备活动和冰上专项准备活动。陆地准备活动是运动员在进行训练前使身体在赛冷的环境中得到全面的热身，主要包括身体柔韧性训练，牵拉练习和 PNF（身体感觉神经肌肉促进方法）练习等。冰上专项准备活动要多做脚踝、膝部、腰背部、肩部、肘部、腕部的拉伸活动的练习，避免由于准备活动的不充分导致的运动损伤。准备活动的运动量应是以身体发热而不出汗为好。国内冰壶专家制定的具体内容包括：跨步，目的是提高体温，提高心脏机能，时间5分，穿着适合做跨步的服装。选择轻微的、有节奏感的健美操，之后手持刷子低抬腿，双手握刷子平举至腹前低抬腿，刷子高度逐渐增加的高抬腿；拉伸，目的是拉长肌肉使身体灵活，时间10分，要注意拉伸的位置、感觉、时间和顺序。手腕伸展要求手指向上，胸前合掌，将双手同时向左或向右侧屈，进行5～10秒，有压迫感为止。上臂和肩部伸展要求一臂胸前屈，另一前臂向内拉伸5～10秒，两臂交替做2～3次。肩部拉伸要求双臂胸前平屈，前臂靠近身体，用力扩胸，拉伸5

~10秒。大腿拉伸要求跪姿，双腿分开，小腿接触地面，上体逐渐后仰，拉伸踝关节和股四头肌，拉伸5~10秒。小腿拉伸要求对墙站立，双腿前后开立，全脚掌着地，屈前腿，膝关节拉伸后腿的小腿部位，拉伸5~10秒。腰部拉伸要求双手撑地，下肢触地，身体呈反弓形，腰部尽量接触地面，臀部收紧，拉伸5~10秒。压腿要求坐姿，一腿前伸，另一腿屈，体前屈，胸部和头尽量接触腿和脚，腰部和膝关节有拉伸感，拉伸5~10秒。滑行，准备活动的结束部分，是在冰上以投壶和扫冰的模仿动作来进行，可以用视频或音乐对运动员加深印象。运动员在练习开始蹬出时，用小力量可保持较高部位的身体姿势，逐渐过渡到用全力蹬出，扫冰时力量和幅度应遵循由小到大、循序渐进的原则。

4. 冰壶项目虽存在上述导致运动损伤的危险因素，但与滑雪、冰球、速度滑冰等冬季项目相比，仍是一项较为安全的运动。该项目在我国起步较晚，目前的运动员 20 周岁以下的男队占 60.71%，女队占 76%，显示出我国该项目队员年轻化的特点，可能暂时无运动损伤问题困扰，但专业人士应在抓技术、战术和管理的同时学习国外对于该项目损伤防治的经验，重视冰壶运动损伤方面的研究。加强伤病报告制度，建立完整的病历制度，为提高医疗质量和经验积累提供有效信息。同时，在国家队及省市集训队加强医务监督工作，配备必需的医疗设备和足够的医务人员，训练中队医认真观察，发现受伤隐患，如场地、器材、护具等问题时及时排除，正确处理训练和比赛中出现急、慢性损伤，为运动员及时恢复创造良好的条件。